AF275146

COLEX

Disfrute gratuitamente **DURANTE UN AÑO** de los eBook y audiolibros de las obras de Editorial Colex*

- ⊘ Acceda a la página web de la editorial **www.colex.es**

- ⊘ Identifíquese con su usuario y contraseña. En caso de no disponer de una cuenta regístrese.

- ⊘ Acceda en el menú de usuario a la pestaña «Mis códigos» e introduzca el que aparece a continuación:

RASCAR PARA VISUALIZAR EL CÓDIGO

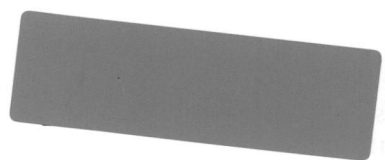

- ⊘ Una vez se valide el código, aparecerá una ventana de confirmación y su eBook y/o audiolibro estará disponible **durante 1 año desde su activación** en la pestaña «Mis libros» en el menú de usuario.

> * Los audiolibros están disponibles en las ediciones más recientes de nuestras obras. Se excluyen expresamente las colecciones «Códigos comentados», «Biblioteca digital» y los productos de www.vademecumlegal.es.

No se admitirá la devolución si el código promocional ha sido manipulado y/o utilizado.

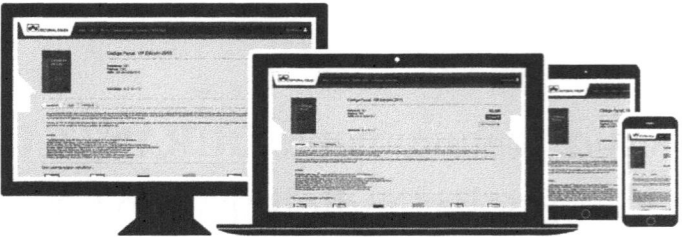

¡Gracias por confiar en nosotros!

La obra que acaba de adquirir incluye de forma gratuita la versión electrónica. Acceda a nuestra página web para aprovechar todas las funcionalidades de las que dispone en nuestro lector.

Funcionalidades eBook

**Acceso desde
cualquier dispositivo con
conexión a internet**

**Idéntica visualización
a la edición de papel**

Navegación intuitiva

Tamaño del texto adaptable

Síguenos en:

PROCEDIMIENTO SANCIONADOR EN MATERIA DE EXTRANJERÍA

Análisis de las diferentes modalidades del procedimiento sancionador en materia de extranjería

PROCEDIMIENTO SANCIONADOR EN MATERIA DE EXTRANJERÍA

Análisis de las diferentes modalidades del procedimiento sancionador en materia de extranjería

2.ª EDICIÓN 2025

Obra realizada por el Departamento de Documentación de Iberley

COLEX 2025

© Editorial Colex, S.L.
Calle Costa Rica, número 5, 3º B (local comercial)
A Coruña, C.P. 15004
info@colex.es
www.colex.es

I.S.B.N.: 978-84-1194-887-6
Depósito legal: C 198-2025

SUMARIO

ANEXO I. CASOS PRÁCTICOS

ANEXO II. FORMULARIOS

1.
EL PROCEDIMIENTO SANCIONADOR EN EXTRANJERÍA

> **A TENER EN CUENTA**. El 20/05/2025 entra en vigor el RD 1155/2024, de 19 de noviembre, por el que se aprueba el nuevo Reglamento de Extranjería. En lo que se refiere al presente tema el contenido no se ve modificado, únicamente serán de aplicación los nuevos artículos del Reglamento de Extranjería.

La persona extranjera que se encuentra en territorio español puede cometer una serie de infracciones, reguladas en los artículos 51, 52, 53 y 54 de la LOEX, que acarrean un tipo de sanción que puede ser una multa, un decomiso o la expulsión del territorio nacional.

Sin embargo, también cabe referirse a las **normas comunes del procedimiento sancionador** que son aquellas normas que se aplican de forma general a todas las modalidades del procedimiento sancionador, sin perjuicio de las especificidades de cada una de ellas.

Actuaciones previas e inicio del procedimiento sancionador

Antes de iniciar el procedimiento, se podrán llevar a cabo actuaciones conjuntas con el fin de determinar con carácter preliminar la concurrencia de circunstancias que justifiquen la iniciación. Las actuaciones previas se orientarán especialmente a determinar con la mayor precisión posible los hechos que puedan motivar la incoación del procedimiento, la identificación de la persona o personas responsables y las circunstancias relevantes que puedan concurrir (art. 218 del RLOEX y a partir del 20/05/2025 art. 217 del RD 1155/2024, de 19 de noviembre).

> **RESOLUCIÓN RELEVANTE**
>
> **Sentencia del Tribunal Superior de Justicia de Madrid n.º 81/2016, de 15 de febrero de 2016, ECLI:ES:TSJM:2016:1519**
>
> Estamos ante un recurso de apelación derivado de una expulsión del territorio nacional de una persona extranjera. En ella se debate sobre la proporcionalidad de la medida de expulsión en relación con las circunstancias personales de la persona extranjera, y se pide que se anule la sentencia apelada por no resolver el motivo de impugnación suscitada, que se basaba en la inadecuación del procedimiento

> preferente debiendo haber seguido el procedimiento ordinario. La resolución de incoación justifica la elección del procedimiento preferente al observar un riesgo de incomparecencia al carecer de domicilio estable, por ello el recurrente alega que por medio de las actuaciones previas reguladas en el artículo 218 del Real Decreto 557/2011, de 20 de abril, se le debió permitir acreditar el hecho de disponer de domicilio estable.
>
> A pesar de lo expuesto anteriormente, la sentencia termina resolviendo que el artículo 218 acota la finalidad de las actuaciones previas a un objeto preciso y determinado para fijar con carácter preliminar si concurren circunstancias que justifiquen tal iniciación, por lo que están previstas para saber si procede iniciar o no el procedimiento sancionador, pero no para precisar mediante qué concreto procedimiento se debe tramitar el expediente. Además, el riesgo de incomparecencia puede depender de circunstancias distintas del solo hecho de estar empadronado y tener un domicilio fijo.

El procedimiento será iniciado de oficio por el órgano competente por iniciativa propia, como consecuencia de orden superior, a petición razonada de otros órganos o por denuncia (arts. 219 y 220 del RLOEX, y a partir del 20/05/2025 en los arts. 218 y 219 del RD 1155/2024, de 19 de noviembre).

Los **competentes** para ordenar la incoación del procedimiento sancionador serán:

- Delegados del Gobierno en las CC. AA. uniprovinciales.
- Subdelegados del Gobierno.
- Jefes de oficinas de extranjería.
- Comisario general de Extranjería y Fronteras.
- Jefe superior de Policía.
- Comisarios provinciales.
- Personas titulares de las comisarías locales y pasos fronterizos.

En el acuerdo de iniciación del procedimiento **deberán ser nombrados un instructor y un secretario, miembros del Cuerpo Nacional de Policía**. Estos nombramientos también podrán recaer en funcionarios de las oficinas de extranjería en el caso de que se trate de procedimientos sancionadores por infracciones leves y graves del artículo 53.1 e) y h) de la Ley de Extranjería.

El decomiso

Según el artículo 55.5 de la Ley de Extranjería, en los supuestos recogidos en el artículo 54.1 b) de la LOEX, **serán objeto de decomiso los vehículos, embarcaciones, aeronaves y cuantos bienes muebles o inmuebles de cualquier naturaleza hayan servido como instrumento para la comisión de la infracción** (art. 221 del RLOEX y a partir del 20/05/2025 art. 220 del RD 1155/2024, de 19 de noviembre).

Con el fin de garantizar la efectividad del decomiso, los agentes, desde las primeras investigaciones, a la puesta en disposición de la autoridad competente los bienes, efectos e instrumentos recogidos en el párrafo anterior, hasta que se resuelva el expediente sancionador correspondiente.

La autoridad judicial podrá establecer que los bienes, objetos o instrumentos de lícito comercio puedan ser usados por las unidades de extranjería de forma provisional para la lucha contra la inmigración ilegal.

Los bienes, instrumentos y efectos decomisados se adjudicarán al Estado según lo previsto en la Ley 33/2003, de 4 de noviembre, del Patrimonio de las Administraciones Públicas.

Resolución del procedimiento sancionador

Los delegados del Gobierno en las comunidades autónomas uniprovinciales y los subdelegados del Gobierno **dictarán resolución motivada que confirme, modifique o deje sin efecto la propuesta de sanción y decida sobre las cuestiones planteadas por los interesados y las derivadas del procedimiento** (art. 222 del RLOEX y a partir del 20/05/2025 en el art. 221 del RD 1155/2024, de 19 de noviembre).

Esta resolución **no podrá tener en cuenta hechos distintos de los previamente determinados en la fase de instrucción**, sin perjuicio de una valoración jurídica distinta.

En cuanto a la determinación de la sanción a imponer, habrá que valorar los criterios del artículo 55.3 y 4 de la LOEX, además de las circunstancias de la situación personal y familiar del infractor.

> **CUESTIÓN**
>
> **¿Podrá el extranjero recurrir la resolución sancionadora?**
>
> **Sí.** La persona extranjera **deberá manifestar su voluntad expresa de recurrir.** Esto se hará constar mediante apoderamiento regulado en el artículo 24 de la Ley de Enjuiciamiento Civil. Si la persona extranjera se hallase privada de libertad podrá manifestar su voluntad de interponer recurso contencioso-administrativo o ejercitar la acción correspondiente contra la resolución de expulsión ante el delegado o subdelegado del Gobierno competente o el director del centro de internamiento de personas extranjeras en el que se encuentre, que lo harán constar en acta que se incorporará al expediente (art. 223 del RLOEX y a partir del 20/05/2025 art. 222 del RD 1155/2024, de 19 de noviembre).

Ejecución de la resolución sancionadora

Se efectuará conforme a lo dispuesto en el capítulo III del título XIV del RLOEX y a partir del 20/05/2025, en el mismo capítulo y título del RD 1155/2024, de 19 de noviembre, sin perjuicio de lo establecido para el procedimiento preferente (art. 224 del RLOEX y a partir del 20/05/2025 en el art. 223 del RD 1155/2024, de 19 de noviembre).

Se adoptarán, siempre que sean necesarias, las **medidas cautelares que correspondan con el fin de garantizar su eficacia hasta que sea ejecutiva.** Estas medidas podrán consistir en el mantenimiento de las medidas provisionales que pudieran haberse adoptado de conformidad con el artículo 61 de la LOEX. No podrá adoptarse la medida de internamiento preventivo durante el plazo de cumplimiento voluntario que se hubiera fijado en la resolución de expulsión.

Las resoluciones administrativas sancionadoras serán recurribles con arreglo a lo dispuesto en las leyes. Su régimen de ejecutividad será el previsto con carácter general.

Aunque la persona extranjera no se encuentre en España, podrá cursar los recursos que procedan, tanto en vía administrativa como jurisdiccional, a través de las representaciones diplomáticas o consulares correspondientes, que posteriormente los remitirán al órgano competente.

2.
INFRACCIONES Y SANCIONES EN EL PROCEDIMIENTO SANCIONADOR DE EXTRANJERÍA

2.1. Tipos de infracciones

¿Qué infracciones puede cometer una persona extranjera?

Conforme al artículo 51 de la LOEX, incurrirá en responsabilidad administrativa el autor o partícipe de cualquiera de las infracciones que aparecen en la LOEX.

Las infracciones administrativas se pueden clasificar en tres tipos:

- Leves.
- Graves.
- Muy graves.

|| **Infracciones leves**

Son **infracciones leves** (artículo 52 de la LOEX):

- La **omisión o el retraso en la comunicación a las autoridades españolas de los cambios de nacionalidad, domicilio, estado civil o circunstancias relacionadas con su situación laboral** que le sean exigibles por la normativa aplicable.
- El **retraso, de hasta tres meses, de la renovación de las autorizaciones** caducadas.
- Estar **trabajando en España sin haber solicitado autorización administrativa para trabajar por cuenta propia**, siendo residente temporal.
- Estar **trabajando en una ocupación, sector o ámbito geográfico no contemplado por la autorización de residencia y trabajo.**

– La **contratación de trabajadores cuya autorización no habilita para trabajar en esa ocupación o ámbito geográfico.**

|| Infracciones graves

Son **infracciones graves** (artículo 53 de la LOEX):

– **Encontrarse irregularmente en España,** ya sea por no obtener la prórroga de estancia, carecer de autorización de residencia o tener caducada más de tres meses la autorización, sin haber solicitado la renovación.

– **Estar trabajando en España, sin haber obtenido autorización,** cuando no se cuente con autorización de residencia.

– Incurrir en **ocultación dolosa o falsedad grave en el cumplimiento de la obligación de poner en conocimiento de las autoridades competentes los cambios que afecten a nacionalidad, estado civil o domicilio.** También será una infracción grave, falsear la información en la declaración de los datos necesarios para cumplimentar el alta en el padrón, siempre que estos hechos no sean constitutivos de delito.

– **Incumplir las medidas de presentación periódica o de alejamiento de fronteras o núcleos de población,** impuestas por razón de seguridad pública.

– **La comisión de una tercera infracción leve,** cuando hubiese sido sancionado por otras dos sanciones leves de la misma naturaleza en el plazo de un año.

– Haber **participado en la realización de actividades contrarias al orden público** previstas como graves en la Ley Orgánica 4/2015, de 30 de marzo, de Protección de la Seguridad Ciudadana.

> **A TENER EN CUENTA.** Pese a que en el artículo 53 de la LOEX se hace referencia a Ley Orgánica 1/1992, de 21 de febrero, sobre Protección de la Seguridad Ciudadana, la misma está derogada por lo que debemos entender hecha la referencia a la Ley Orgánica 4/2015, de 30 de marzo, de Protección de la Seguridad Ciudadana.

– Las **salidas del territorio por puntos no habilitados, sin exhibir la documentación necesaria o contraviniendo las prohibiciones impuestas.**

– **No haber solicitado, en el plazo de un mes desde la entrada en España o desde la concesión de autorización de residencia,** la tarjeta de identidad de la persona extranjera.

– **No dar de alta en la Seguridad Social al trabajador extranjero,** o no registrar el contrato de trabajo, cuando el empresario tenga constancia de que el empleado se halla habilitado legalmente para trabajar.

– **Contraer matrimonio, simular relación afectiva análoga o constituirse en representante legal de un menor,** cuando se realicen con ánimo de lucro o para obtener permiso de residencia, siempre que no constituyan un delito.

- **Promover la permanencia irregular en España** de una persona extranjera, cuando haya entrado por invitación expresa del infractor y continúe a su cargo, en el caso de que haya transcurrido el periodo de tiempo permitido por su visado o autorización.

- **Consentir la inscripción de una persona extranjera en el padrón municipal por parte del titular de la vivienda**, cuando no sea el domicilio real de la persona extranjera.

|| Infracciones muy graves

Son **infracciones muy graves** (artículo 54 de la LOEX):

- **Participar en actividades contrarias a la seguridad nacional, que puedan perjudicar las relaciones de España con otros países** o actividades contrarias al orden público calificadas como muy graves por la Ley Orgánica sobre Protección de la Seguridad Ciudadana.

- **Inducir, promover, favorecer o facilitar con ánimo de lucro, individualmente o formando parte de una organización, la inmigración clandestina de personas en tránsito o con destino al territorio español o su permanencia en el mismo**, siempre que el hecho no constituya delito.

- **Realización de conductas de discriminación por motivos raciales, étnicos, nacionales o religiosos**, siempre que el hecho no sea constitutivo de delito.

- La **contratación de personas trabajadoras extranjeras** sin haber obtenido la autorización de residencia y trabajo.

- **Consentir la inscripción de una persona extranjera en el padrón municipal por parte del titular de la vivienda**, cuando no sea el domicilio real de la persona extranjera y se realice **con ánimo de lucro**.

- **Simular una relación laboral con una persona extranjera**, con ánimo de lucro o para obtener indebidamente los derechos otorgados por la LOEX.

- La **comisión de una tercera infracción grave dentro del plazo de un año**, en el que se hayan cometido otras dos infracciones graves de la misma naturaleza.

- El incumplimiento de las obligaciones previstas para los transportistas en los apartados 1 y 2 del artículo 66 de la LOEX.

- El **transporte de personas extranjeras hasta el territorio español**, por los sujetos responsables del transporte, sin haber comprobado la validez o vigencia de pasaportes, títulos de viaje, documentos de identidad o visados.

- El **incumplimiento de la obligación de los transportistas de hacerse cargo de la persona extranjera** con deficiencias en la documen-

tación, no autorizado a entrar en España o de la persona extranjera que no haya sido transportado a su país de origen cuando no le haya sido autorizada la entrada. Esta obligación incluirá los gastos de mantenimiento de la citada persona extranjera y, si así lo solicitan las autoridades encargadas del control de entrada, los derivados del transporte de dicha extranjera, que habrá de producirse de inmediato, bien por medio de la compañía objeto de sanción o, en su defecto, por medio de otra empresa de transporte, con dirección al Estado a partir del cual haya sido transportado, al Estado que haya expedido el documento de viaje con el que ha viajado o a cualquier otro Estado donde esté garantizada su admisión.

Aun visto esto, no se considerará infracción el hecho de transportar hasta la frontera española a una persona extranjera que, habiendo presentado sin demora su solicitud de protección internacional, esta le sea admitida a trámite, de conformidad con lo establecido en la Ley 12/2009, de 30 de octubre, reguladora del derecho de asilo y de la protección subsidiaria.

2.2. Tipos de sanciones

Tipos de sanciones en extranjería

Existen tres tipos de sanciones que pueden ser impuestas a una persona extranjera:

– Multas.

– Decomiso.

– Expulsión.

A TENER EN CUENTA. La expulsión se puede aplicar para ciertas infracciones graves, para todas las infracciones muy graves y para los casos en que se produzca una condena dentro o fuera de España por una conducta dolosa, que constituya en España un delito castigado con pena privativa de libertad superior a un año, pero nunca se podrá sancionar a la vez con multa y expulsión, pues son opciones alternativas.

CUESTIÓN

¿Se puede establecer, en algún caso, una sanción distinta, en materia de extranjería, a las de multa, decomiso o expulsión?

Cuando se trate de la infracción muy grave prevista en el artículo 54.1 d) de la LOEX, relativa a la contratación de personas trabajadoras extranjeras sin autorización de residencia y trabajo previa, la autoridad gubernativa podrá adoptar, sin perjuicio de interponer la sanción correspondiente, la clausura del establecimiento o local desde 6 meses a 5 años (art. 55.6 de la LOEX).

JURISPRUDENCIA

Sentencia del Tribunal Supremo n.º 1140/2023, de 18 de septiembre, ECLI:ES:TS:2023:3700

Aplicación de la legislación y jurisprudencia de la UE y de la doctrina, jurisprudencia y marco normativo español en materia de sanciones que llevan aparejadas la expulsión del territorio nacional.

«Consideraban ambos órganos judiciales que la referida STJUE no dejaba margen para la imposición de una multa, como alternativa a la expulsión, al nacional de país tercero que se encontrare en España en situación irregular sin concurrir alguna de las excepciones previstas en la normativa comunitaria.

Incluso la Sala de Bilbao, conocedora de una nueva sentencia del TJUE sobre la cuestión litigiosa (STJUE de 8 de octubre de 2020, C-568/19), fue más allá, completando su motivación con una remisión a lo razonado en la sentencia de 23 de octubre de 2020 de la Sala de lo Contencioso-Administrativo del Tribunal Superior de Justicia de Madrid, en la que se señalaba que la modificación legislativa del art. 57.1 de la Ley Orgánica 4/2000, introducida por la Ley Orgánica 2/2009, no vino a confirmar, y convertir en ley, la jurisprudencia del Tribunal Supremo que exigía la concurrencia de circunstancias agravantes como requisito para la adopción de la sanción de expulsión, sino que dicha reforma se limitó a exigir la ponderación del principio de proporcionalidad en la imposición de las sanciones y a la necesidad de motivar las resoluciones.

Como hemos visto anteriormente tales conclusiones no son correctas. En primer lugar, porque la interpretación que se sostiene de que solo puede imponerse la expulsión supone una vulneración del principio de legalidad sancionadora tal y como ha expresado el Tribunal Constitucional en sentencias de este mismo año (por todas, la STC 47/2023, de 10 de mayo, cuyo fundamento esencial hemos reproducido) ya que al excluirse la posibilidad de imponer la multa implícitamente se estaría aplicando la Directiva con un efecto directo vertical descendente. En segundo lugar, porque la reforma de la Ley de Extranjería realizada en el año 2009, que tenía entre otros objetivos trasponer la Directiva de retorno, mantiene la doble sanción (multa o expulsión) de forma alternativa y no acumulativa, pero introduce una referencia al principio de proporcionalidad para adoptar la más grave, la sanción de expulsión, referencia que tiene todo el sentido al existir la posibilidad de elegir la sanción alternativa menos grave (la multa). Solo la existencia de esa alternativa justifica el obligado juicio de ponderación que deriva del principio de proporcionalidad. Precisamente la invocación de este principio en el art. 57.1 de la Ley de Extranjería se hace en referencia a la imposición de la sanción de expulsión en lugar de la de multa, obligando además este precepto a que en la resolución administrativa se motiven especialmente los hechos que se tienen en cuenta para la imposición de la sanción más grave. Finalmente, el propio TJUE ha declarado la compatibilidad con el Derecho Europeo de este régimen de dualidad de sanciones en su sentencia de 2 de marzo de 2022, con el matiz anteriormente expuesto de que la imposición de una sanción de multa no debe impedir una decisión de retorno que contemple la salida voluntaria, que podrá ser impuesta forzosamente de no ser atendida en el plazo establecido.

Así las cosas, resultan ociosas las consideraciones de la Sala de Madrid, que motivan in aliunde la decisión de la Sala de Bilbao, sobre los distintos grados de vinculación entre ley y jurisprudencia y la contradicción de esta última con el Derecho Europeo. Como hemos razonado anteriormente, ni nuestra jurisprudencia se aparta del mandato legal, y aún menos lo contradice, ni es contraria a la interpretación proporcionada por el TJUE de la Directiva de retorno en relación con la normativa española, cuando ésta se le ha expuesto correctamente en la cuestión prejudicial, como ocurre en el asunto C-409/20, que dio lugar a la STJUE de 2 de marzo de 2022. Además, la interpretación de la Sala de instancia vulnera el derecho fundamental a la legalidad *sancionadora tal y como ha destacado el Tribunal Constitucional a raíz de su sentencia 47/2023, de 10 de mayo.*

Finalmente, no puede ser acogido el planteamiento del Abogado del Estado de que la carga de la prueba le corresponde al sancionado o que debe ser esta Sala la que motive la decisión que deba ser adoptada en lugar de la Administración. En el procedimiento sancionador corresponde a la Administración acreditar los hechos que justifican la decisión adoptada, en este caso la sanción de expulsión por la concurrencia de circunstancias agravantes, sin que en dicha tarea pueda sustituirla este Tribunal.

En definitiva, ambas sentencias deben ser anuladas, así como la resolución de la Subdelegación del Gobierno de Guipúzcoa, de 31 de mayo de 2019, por la que se acordaba la expulsión de don Antonio, de nacionalidad colombiana, del territorio nacional con prohibición expresa de entrar nuevamente en el mismo durante un periodo de tres años, por carecer de la debida justificación de la imposición de la sanción más grave de expulsión frente a la multa, con estimación del recurso de casación».

Regulación de las sanciones

Las sanciones aparecen reguladas en el artículo 55 de la LOEX. En particular, a la expulsión del territorio se refiere el artículo 57 de la LOEX que ya ha sido examinado al tratar el punto relativo de la salida del territorio español.

La imposición de estas sanciones corresponderá al subdelegado del Gobierno o al delegado del Gobierno en las comunidades autónomas uniprovinciales. En caso de que la comunidad autónoma tenga atribuidas competencias en materia de autorización inicial de trabajo de personas extranjeras, se le concederá la potestad para la imposición de las sanciones, que la podrá ejercer la autoridad que la comunidad autónoma determine.

El procedimiento sancionador se iniciará por acta de la Inspección de Trabajo y Seguridad Social, de acuerdo con lo establecido en el procedimiento sancionador por infracciones del orden social, siempre que estemos ante casos de infracción leve del artículo 52. c), d) o e) de la LOEX, de infracciones graves del artículo 53.1. b) y 53.2. a) de la LOEX, y muy grave del artículo 54.1. d) y f) de la LOEX.

Multa impuesta al infractor de una norma en materia de extranjería

La multa es la sanción **más común** de los tres tipos de sanciones para las infracciones que estipula la LOEX. En cuanto a su cuantía, se establece que se castigan:

1. Las **infracciones leves con multa de hasta 500 euros.**

2. Las **infracciones graves con multa de 501 hasta 10.000 euros.**

   Además, **en el caso dispuesto en el apartado a) del 53.2 de la LOEX,** además de la multa de 501 a 10.000 euros, **el empresario también estará obligado a sufragar los costes derivados del viaje.** Esta infracción consiste en no dar de alta en el Régimen de la Seguridad Social que corresponda a la persona trabajadora extranjera cuya autorización de residencia y trabajo por cuenta ajena hubiera solicitado, o no registrar el contrato de trabajo en las condiciones que sirvieron de base a la solicitud, cuando el empresario tenga constancia de que el trabajador se halla legalmente en España habilitado para el comienzo de la relación laboral.

3. Las **infracciones muy graves con multa desde 10.001 hasta 100.000 euros**, excepto la prevista en el artículo 54.2. b) de la LOEX, que lo será con una multa de 5.000 a 10.000 euros por cada viajero transportado o con un mínimo de 750.000 euros a tanto alzado, con independencia del número de viajeros transportados. La infracción del artículo 54.2. b) de la LOEX consiste en el transporte de personas extranjeras por vía aérea, marítima o terrestre, hasta el territorio español, por los sujetos responsables del transporte, sin que hubieran comprobado la validez y vigencia, tanto de los pasaportes, títulos de viaje o documentos de identidad pertinentes, como, en su caso, del correspondiente visado, de los que habrán de ser titulares las citadas personas extranjeras.

En la sanción prevista en el **artículo 54.2. a) de la LOEX**, en relación con el artículo 66.1 de la misma norma (relativo a la obligación de las empresas de remitir a las autoridades españolas, en algunos casos, la información de sus pasajeros que vayan a ser trasladados a territorio español), se establece una **multa de 10.001 hasta 100.000 euros por cada viaje realizado sin haber comunicado los datos de las personas transportadas o habiéndolos comunicado incorrectamente,** con independencia de que la autoridad gubernativa pueda adoptar la inmovilización, incautación y decomiso del medio de transporte, o la suspensión provisional o retirada de la autorización de explotación.

En concreto, la obligación prevista para los transportistas señalada en el **artículo 66 de la LOEX** es remitir, en el momento de finalización del embarque y antes de la salida del medio de transporte, a las autoridades españolas encargadas del control de entrada la información relativa a los pasajeros que vayan a ser trasladados a territorio español, con independencia de que el transporte sea en tránsito o tenga como destino final el territorio español, ya sea por cualquier tipo de vía, tanto aérea, como marítima o terrestre. La información que deberá incluir en la remisión es:

- Sobre cada pasajero:
  - Su nombre y apellidos.
  - Su fecha de nacimiento.
  - Su nacionalidad.
  - Su número de pasaporte o documento de viaje que acredite su identidad y tipo del mismo.
- El paso fronterizo de entrada.
- El código de transporte.
- La hora de salida y de llegada del transporte.
- El número total de personas transportadas.
- El lugar inicial de embarque.

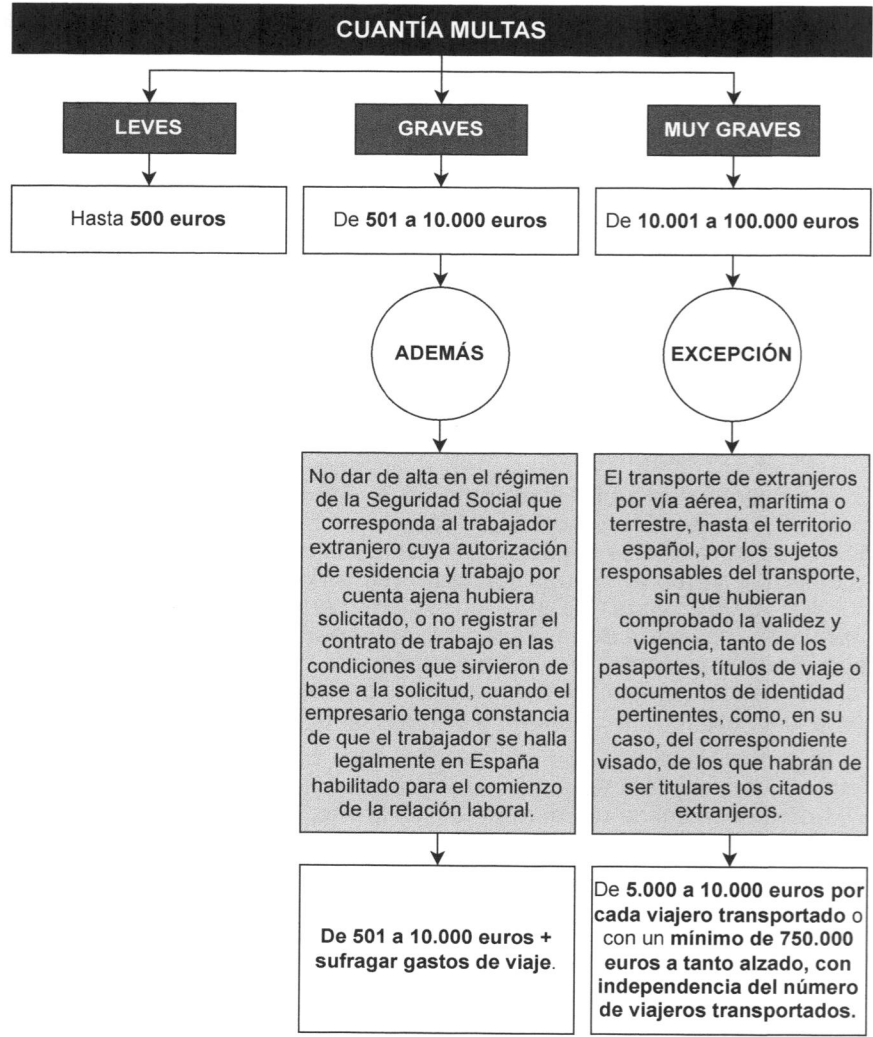

‖ ¿Multa o expulsión?

Para dar respuesta a la anterior cuestión, debemos traer a colación la **sentencia del Tribunal Supremo n.º 1140/2023, de 18 de septiembre, ECLI:ES:TS:2023:3700**, resuelve el recurso de casación planteado contra una sentencia del Tribunal Superior de Justicia del País Vasco que confirma, en la misma línea que las instancias anteriores, la resolución administrativa por la que se acordaba la expulsión del recurrente, extranjero, de España con la consiguiente prohibición de entrada al país durante 3 años, debido a la comisión de la infracción del artículo 53.1 letra a) de la LOEX. Acreditada la situación irregular de la persona extranjera en territorio español, las dudas surgieron a la hora de determinar la sanción a imponer, la expulsión, efectivamente acordada, o la multa como pena principal que solicita el recurrente.

La **cuestión planteada presenta interés casacional objetivo para la formación de la jurisprudencia** y consiste en «(...) determinar si, conforme la interpretación dada por la sentencia del Tribunal de Justicia de la Unión Europea de 8 de octubre de 2020 —asunto C-568/19— a la Directiva 2008/115/CE del Parlamento Europeo y del Consejo, de 16 de diciembre de 2008, la expulsión del territorio español es la sanción preferente a imponer a las personas extranjeras que hayan incurrido en la conductas tipificadas como graves en el art. 53.1.a) Ley Orgánica 4/2000, de 11 de enero o si, por el contrario, la sanción principal es la multa siempre que no concurran circunstancias agravantes añadidas a su situación irregular, teniendo en cuenta también la eventual incidencia en la cuestión de la posterior sentencia del Tribunal de Justicia de la Unión Europea de 2 de marzo de 2022 —asunto C-409/20—».

Pues bien, para resolver la cuestión, la sentencia aglutina la jurisprudencia existente al respecto derivada del propio Tribunal Supremo, del Tribunal Constitucional y del análisis de distintos pronunciamientos del Tribunal de Justicia de la Unión Europea.

Con carácter previo, es necesario traer a colación lo que sobre esta materia prevé la **Directiva 2008/115/CE del Parlamento Europeo y del Consejo, de 16 de diciembre de 2008**, relativa a normas y procedimientos comunes en los Estados miembros para el retorno de los nacionales de terceros países en situación irregular y que ha dado lugar a las distintas interpretaciones, concretamente:

- El artículo 6.1 de la Directiva 2008/115/CE del Parlamento Europeo y del Consejo, de 16 de diciembre de 2008, que señala: «Los Estados miembros dictarán una decisión de retorno contra cualquier nacional de un tercer país que se encuentre en situación irregular en su territorio, sin perjuicio de las excepciones contempladas en los apartados 2 a 5».

- El artículo 8.1 de la Directiva 2008/115/CE del Parlamento Europeo y del Consejo, de 16 de diciembre de 2008, que señala: «Los Estados miembros tomarán todas las medidas necesarias para hacer cumplir la decisión de retorno cuando no se haya concedido un plazo para la salida voluntaria de conformidad con el artículo 7, apartado 4, o cuando no se haya cumplido con la obligación de retorno dentro del plazo para la salida voluntaria concedido de conformidad con el artículo 7».

En cuanto a los **principios de aplicación de la directiva**, el Tribunal Supremo en la sentencia mencionada anteriormente los sintetiza en los siguientes:

- La finalización de la situación irregular de nacionales de terceros países se debe llevar a cabo mediante procedimiento justo y transparente, debiendo adoptarse las decisiones de manera individualizada y fundándose en criterios objetivos, lo que implica que se deben tener en cuenta otros factores además del mero hecho de la situación irregular.

- Es legítimo que los Estados miembros hagan retornar a los nacionales de terceros países en situación irregular, siempre y cuando existan sistemas de asilo justos y eficientes que respeten plenamente el principio de no devolución.

- Debe preferirse el retorno voluntario al forzoso y concederse un plazo para la salida voluntaria.

- Debe supeditarse expresamente el uso de medidas coercitivas a los principios de proporcionalidad y eficacia por lo que se refiere a los medios utilizados y a los objetivos perseguidos.

Concluye el Alto Tribunal respecto a la Directiva 2008/115/CE del Parlamento Europeo y del Consejo, de 16 de diciembre de 2008, que de la misma:

> «(...) parece deducirse con claridad que la decisión de retorno debe imponerse en relación con aquellos nacionales de terceros países que se encuentran en situación irregular en el territorio de un Estado miembro, siempre que no concurran las excepciones recogidas en la propia Directiva y, lógicamente, respetando los principios en ella establecidos (proporcionalidad, procedimiento justo y transparente, criterios objetivos, preferencia del retorno voluntario, etc.).
> La **Directiva no contempla la posibilidad de imponer una multa como alternativa al retorno de la persona extranjera, pero no excluye que pueda ser adoptada en el seno de un procedimiento sancionador siempre que el efecto útil de la Directiva no se vea comprometido»**.

En este sentido, en la **sentencia del Tribunal de Justicia de la Unión Europea n.º C-38/14, de 23 de abril de 2015, ECLI:EU:C:2015:260**, se plantea el caso de una persona extranjera que es interceptado en territorio español sin poder acreditar justificación de estancia por lo que se dicta resolución administrativa de expulsión y prohibición de entrada en España durante 5 años. Recurrida esta resolución, el juzgado contencioso-administrativo correspondiente dicta sentencia anulando la resolución y sustituyendo la expulsión por multa. Esta sentencia es igualmente recurrida por el órgano administrativo por lo que el tribunal superior de justicia decide plantear la cuestión prejudicial siguiente:

> «A la luz de los principios de cooperación leal y de efecto útil de las Directivas, ¿los artículos 4.2, 4.3 y 6.1 de la Directiva 2008/115 deben ser interpretados en el sentido de que se oponen a una normativa, como la nacional controvertida en el litigio principal y la jurisprudencia que la interpreta, que permite sancionar la situación irregular de una persona extranjera exclusivamente con una sanción económica que, además, resulta incompatible con la sanción de expulsión?».

El TJUE extiende la respuesta a la cuestión planteada a la interpretación del artículo 8.1 de la Directiva 2008/115/CE del Parlamento Europeo y del Consejo, de 16 de diciembre de 2008, por entender que está íntimamente relacionado. En este sentido, expone que del auto de remisión se infiere que, conforme a la interpretación por el Tribunal Supremo de la normativa nacional existente en esta materia, «(...) la situación irregular de los nacionales de terceros países en territorio español puede ser sancionada exclusivamente mediante una multa, que es incompatible con la expulsión del territorio nacional, medida esta que sólo se acuerda si existen circunstancias agravantes adicionales».

Asimismo, recuerda el TJUE que, ante una situación de irregularidad de una persona extranjera, las autoridades nacionales competentes deben, con carácter principal y salvo que concurra alguna de las excepciones previstas, adoptar una decisión de retorno y, adoptada esta, si no se respeta existe la obligación de adoptar todas las medidas necesarias para la expulsión lo antes posible. Pues bien, entiende el TJUE que la normativa nacional controvertida en el litigio no responde a lo anterior y añade que «(...) es preciso señalar que ningún precepto de dicha Directiva ni ninguna disposición de un acto perteneciente al acervo comunitario permiten establecer un sistema que, en caso de situación irregular de nacionales de terceros países en el territorio de un Estado miembro, imponga, dependiendo de las circunstancias, o bien una sanción de multa, o bien la expulsión, siendo ambas medidas excluyentes entre sí».

Los Estados miembros no pueden aplicar una normativa que pueda poner en peligro la realización de los objetivos perseguidos por una directiva y, con ello, privarla de su efecto útil. Lo anterior puede suceder en el caso de la normativa nacional controvertida en este litigio. Por todo ello, concluye el TJUE que:

> «(...) debe responderse a la cuestión planteada que la Directiva 2008/115, en particular sus artículos 6, apartado 1, y 8, apartado 1, en relación con su artículo 4, apartados 2 y 3, debe interpretarse en el sentido de que **se opone a una normativa de un Estado miembro, como la controvertida en el procedimiento principal, que, en caso de situación irregular de nacionales de terceros países en el territorio de dicho Estado, impone, dependiendo de las circunstancias, o bien una sanción de multa, o bien la expulsión, siendo ambas medidas excluyentes** entre sí».

Nuestro Tribunal Supremo —**STS n.º 1140/2023, de 18 de septiembre, ECLI:ES:TS:2023:3700**— entiende que con esta sentencia quedaba claro que «(...) ante la situación de estancia irregular, la imposición de una multa no podía ser una alternativa excluyente de la expulsión, como parecía deducirse hasta ese momento de nuestra jurisprudencia. Jurisprudencia que también afirmaba que para que estuviera justificada la sanción de expulsión era preciso la concurrencia de circunstancias de agravación sin que bastase la mera estancia irregular».

Se plantea en la **sentencia del Tribunal de Justicia de la Unión Europea n.º C-568/19, de 8 de octubre de 2020, ECLI:EU:C:2020:807**, un nuevo caso de extranjero en situación irregular en territorio español respecto del cual se dicta resolución administrativa de expulsión, si bien en este caso el recurso frente a ella es desestimado y planteado el asunto ante el tribunal superior de justicia correspondiente este decide plantear una nueva cuestión prejudicial.

El TSJ entiende aplicable al caso lo previsto en la sentencia anteriormente analizada —**STJUE n.º C-38/14, de 23 de abril de 2015, ECLI:EU:C:2015:260**— de modo que señala:

> «(...) después de que se dictara la sentencia de 23 de abril de 2015, Zaizoune (Câ€Â'38/14, EU:C:2015:260), el Tribunal Supremo dictaminó, entre otras en una sentencia de 30 de mayo de 2019, que las autoridades administrativas y judiciales españolas están habilitadas para inaplicar las

previsiones de la Ley de extranjería sobre la precedencia de la sanción de multa y la necesidad de motivación explícita de la expulsión por la existencia de motivos agravantes. Con ello, según el órgano jurisdiccional remitente, el Tribunal Supremo aplicó directamente la Directiva 2008/115, en perjuicio del interesado y con agravación de su responsabilidad penal, ya que, a raíz de la sentencia de 23 de abril de 2015, Zaizoune (Câ€Â'38/14, EU:C:2015:260), los tribunales españoles quedaron obligados a aplicar directamente esa Directiva, aun en perjuicio de los interesados.

El órgano jurisdiccional remitente duda que en el litigio principal sea posible invocar directamente lo dispuesto en la Directiva 2008/115 para ordenar la expulsión de MO aun cuando no existan motivos agravantes adicionales a la estancia ilegal del interesado en territorio nacional».

A raíz de lo anterior pregunta al TJUE «(...) si la Directiva 2008/115 debe interpretarse en el sentido de que, cuando la normativa nacional, en caso de situación irregular de nacionales de terceros países en el territorio de un Estado miembro, imponga, o bien una sanción de multa, o bien la expulsión, teniendo en cuenta que la segunda medida solo puede adoptarse si existen circunstancias agravantes en la persona de dichos nacionales, adicionales a su situación irregular, la autoridad nacional competente pueda basarse directamente en lo dispuesto en la Directiva para adoptar una decisión de retorno y hacer cumplir dicha decisión aun cuando no existan circunstancias agravantes».

El TJUE considera que lo que el TSJ plantea en este caso es **si es posible aplicar directamente la directiva cuando ello va en perjuicio de los interesados** y recuerda al respecto que «(...) las directivas no pueden, por sí solas, crear obligaciones a cargo de los particulares, pues los Estados miembros no pueden invocar las disposiciones de las directivas, en su calidad de tales, contra dichas personas (...)». En conclusión, si la normativa nacional aplicable al caso establece que la expulsión de los nacionales de terceros países que se encuentren en territorio español solo puede ordenarse si existen circunstancias agravantes en la persona de dichos nacionales, adicionales a su situación irregular, y esa misma normativa no puede interpretarse de conformidad con la directiva el Estado miembro no podrá basarse directamente en esta para adoptar una decisión de retorno y hacer cumplir esta aun cuando no existan circunstancias agravantes.

Responde el TJUE la cuestión en los términos siguientes:

> «La Directiva 2008/115/CE del Parlamento Europeo y del Consejo, de 16 de diciembre de 2008, relativa a normas y procedimientos comunes en los Estados miembros para el retorno de los nacionales de terceros países en situación irregular, debe interpretarse en el sentido de que, **cuando la normativa nacional, en caso de situación irregular de nacionales de terceros países en el territorio de un Estado miembro, imponga, o bien una sanción de multa, o bien la expulsión, teniendo en cuenta que la segunda medida solo puede adoptarse si existen circunstancias agravantes en la persona de dichos nacionales, adicionales a su situación irregular, la autoridad nacional competente no podrá basarse directamente en lo dispuesto en la Directiva para adoptar una decisión de retorno y hacer cumplir dicha decisión aun cuando no existan circunstancias agravantes**».

A raíz de esta sentencia, el Tribunal Supremo se pronuncia —**sentencia del Tribunal Supremo n.º 366/2021, de 17 de marzo, ECLI:ES:TS:2021:1181**— sobre la consideración que merece la expulsión del territorio español, bien como sanción preferente a imponer a las personas extranjeras en situación irregular o si, por el contrario, la sanción principal para dichas conductas es la multa, siempre que no concurran circunstancias agravantes añadidas a su situación irregular. En este sentido, concluye:

- La situación de estancia irregular determina, en su caso, la decisión de expulsión y no cabe la posibilidad de sustitución por una sanción de multa.

- La expulsión, comprensiva de la decisión de retorno y su ejecución, exige la valoración y apreciación de circunstancias agravantes que pongan de manifiesto y justifiquen la proporcionalidad de la medida adoptada en cada caso.

- Por circunstancias de agravación han de considerarse las que se han venido apreciando por la jurisprudencia en relación a la gravedad de la mera estancia irregular, bien sean de carácter subjetivo o de carácter objetivo, y que pueden comprender otras de análoga significación.

La jurisprudencia anterior ha sido confirmada por otras sentencias posteriores como la **STS n.º 750/2021, de 27 de mayo, ECLI:ES:TS:2021:2339**, o la **STS n.º 1334/2022, de 20 de octubre, ECLI:ES:TS:2022:3832**.

La conclusión vista en el punto anterior relativa a que «La situación de estancia irregular determina, en su caso, la decisión de expulsión y no cabe la posibilidad de sustitución por una sanción de multa», debe corregirse en virtud del pronunciamiento del TJUE desarrollado en la **sentencia del Tribunal de Justicia de la Unión Europea n.º C-409/20, de 3 de marzo de 2022, ECLI:EU:C:2022:148**, que recoge una aplicación sucesiva de ambas sanciones.

En esta nueva sentencia, se trata de un caso en el que, ante una extranjera que se mantiene en España en situación irregular, se dicta resolución administrativa que decreta su expulsión y la prohibición de entrada durante tres años. Recurrida esta resolución, el juzgado de lo contencioso-administrativo competente decide plantear la siguiente cuestión:

> «(...) si la Directiva 2008/115 debe interpretarse en el sentido de que se opone a una normativa de un Estado miembro que sanciona la permanencia irregular de un nacional de un tercer país en el territorio de ese Estado miembro, cuando no concurren circunstancias agravantes, en un primer momento, con una sanción de multa que lleva aparejada la obligación de abandonar el territorio de dicho Estado miembro en el plazo fijado salvo que, antes de que este expire, se regularice la situación del nacional de un tercer país y, en un segundo momento, si no se ha regularizado su situación, con una decisión en la que se ordena obligatoriamente su expulsión».

Para dar respuesta a lo anterior, el TJUE parte de la premisa del órgano remitente en el sentido de que **la normativa controvertida en el litigio principal permite, cuando no concurre circunstancia agravante alguna, sancionar la situación irregular de los nacionales de terceros países en el** territorio nacional con una multa que lleva aparejada una obligación de retorno, y, sucesivamente, con una orden de expulsión. Recordando lo ya contemplado en las sentencias anteriores, declara que en este caso «(...) la imposición de una multa a un nacional de un tercer país que se encuentra en situación irregular conlleva la obligación de que este abandone el territorio nacional en el plazo fijado salvo que, antes de que este transcurra, una autoridad nacional regularice su situación. La autoridad nacional competente solo estará obligada a adoptar una orden de expulsión cuando, transcurrido el referido plazo, el nacional de un tercer país no haya regularizado su situación ni haya abandonado voluntariamente el territorio».

En este sentido, recuerda el TJUE que la imposición de pena pecuniaria no puede obstaculizar el procedimiento de retorno previsto en la Directiva 2008/115/CE del Parlamento Europeo y del Consejo, de 16 de diciembre de 2008, y añade que la multa impuesta a un nacional de un tercer país al que se declara en situación irregular lleva necesariamente aparejada la obligación de abandonar el territorio nacional en el plazo fijado que podrá prorrogarse.

Así pues, en un procedimiento de retorno que comienza con la imposición de una multa que lleva aparejada una obligación de retorno y que prosigue, en caso de incumplimiento de esta obligación en plazo, con la expulsión de la persona extranjera, será preciso que el plazo no pueda entrañar demoras que priven a la citada directiva de su efecto útil.

En definitiva, resuelve el TJUE la cuestión planteada en los términos siguientes:

> «La Directiva 2008/115/CE del Parlamento Europeo y del Consejo, de 16 de diciembre de 2008, relativa a normas y procedimientos comunes en los Estados miembros para el retorno de los nacionales de terceros países en situación irregular, en particular sus artículos 6, apartado 1, y 8, apartado 1, leídos en relación con los artículos 6, apartado 4, y 7, apartados 1 y 2, de la misma, debe interpretarse en el sentido de que no se opone a una normativa de un Estado miembro que sanciona la permanencia irregular de un nacional de un tercer país en el territorio de ese Estado miembro, cuando no concurren circunstancias agravantes, en un primer momento, con una sanción de multa que lleva aparejada la obligación de abandonar el territorio de dicho Estado miembro en el plazo fijado salvo que, antes de que este expire, se regularice la situación del nacional de un tercer país y, en un segundo momento, si no se ha regularizado su situación, con una decisión en la que se ordena obligatoriamente su expulsión, siempre que dicho plazo se fije de conformidad con las exigencias establecidas en el artículo 7, apartados 1 y 2, de esta Directiva».

A la vista de las sentencias del TJUE analizadas, el Tribunal Supremo —sentencia del Tribunal Supremo n.º 1140/2023, de 18 de septiembre, ECLI:ES:TS:2023:3700— señala que cada una de aquellas es tributaria del marco normativo que le expuso el tribunal nacional que remitió la cuestión en cada caso, y añade «(...) Así, la de 2015 da respuesta a una supuesta incompatibilidad de la decisión de retorno con la imposición de la sanción de multa en un procedimiento sancionador, considerándola no conforme con el Derecho de la Unión. La segunda decisión prejudicial —STJUE de 8 de octubre de 2020, C-568/19— partiendo de la existencia de una disyuntiva en nuestro ordenamiento entre multa y expulsión, afirma que la Directiva, en la medida en que no esté transpuesta al ordenamiento interno, tiene límites en relación a su aplicación a los particulares. Finalmente, presentado nuestro marco normativo por el órgano nacional interpelante de manera diferente, el TJUE en la sentencia de 3 de marzo de 2022, asunto C-409-2020, concluye que la normativa española, con los matices que se introducen, no es contraria en este punto con el Derecho Europeo, incluida la imposición de una multa siempre que esta no excluya la decisión de retorno».

En la **sentencia del Tribunal Constitucional n.º 47/2023, de 10 de mayo, ECLI:ES:TC:2023:47**, el Tribunal Constitucional también ha tenido ocasión de pronunciarse, en este punto, sobre el asunto que estamos analizando, y ello, desde la perspectiva de la legalidad sancionadora. En este sentido, establece la siguiente doctrina constitucional aplicable sobre el derecho a la legalidad sancionadora en su vertiente de garantía material frente a los órganos sancionadores:

- El derecho fundamental a la legalidad sancionadora se reconoce en el art. 25.1 de la CE que además comprende una doble garantía material, de alcance absoluto, y formal, de carácter relativo y expresiva de la necesidad de reserva de ley en la tipificación de ilícitos y sanciones administrativas.
- La citada garantía material despliega sus efectos tanto en el plano normativo como en el aplicativo.

Pues bien, en el caso concreto a que alude la sentencia no se discute el presupuesto base de la sanción administrativa, la situación irregular, además la resolución que acuerda la expulsión no alude en su motivación a circunstancias agravantes o negativas, aun así, los órganos judiciales dejaron de aplicar las consecuencias previstas en el ordenamiento jurídico español para estas situaciones de irregularidad dejando de lado la normativa nacional más favorable.

Concluye, en este sentido, el Tribunal Constitucional, con referencia a la **STJUE n.º C-568/19, de 8 de octubre de 2020, ECLI:EU:C:2020:807**, que:

> «(...) con independencia de la interpretación que la jurisdicción ordinaria efectúe sobre la aplicabilidad de la sanción de multa para los supuestos de mera estancia irregular, debe concluirse que, al imponer la administración la sanción de expulsión, se infringió la garantía material del derecho a la legalidad sancionadora de la recurrente a causa de una aplicación irrazonable de la norma sancionadora. La administración impuso la sanción de expulsión del art. 57.1 LOEX, luego confirmada judicialmente con una interpretación errónea sobre la eficacia de la Directiva de retorno, a una situación de estancia irregular en la que no consta que concurriera ninguna circunstancia agravante o elemento negativo que la hubiese justificado, "en atención al principio de proporcionalidad", tal y como dicho precepto exige para su aplicación (...)».

Pero **¿cuáles son las conclusiones?** Analizado todo lo anterior y volviendo a la **sentencia del Tribunal Supremo n.º 1140/2023, de 18 de septiembre, ECLI:ES:TS:2023:3700,** llega el Alto Tribunal, en cuanto a la interpretación de los artículos 53.1.a), 55.1.b) y 57.1 de la LOEX, a las siguientes conclusiones:

- La **situación de estancia irregular determina, en su caso, la imposición de la sanción de multa o la sanción de expulsión, siendo preferente la primera** cuando no concurran circunstancias que, con arreglo al principio de proporcionalidad, justifiquen la expulsión.

- Cuando la decisión consista en la **imposición de una multa**, la resolución administrativa que la imponga debe contener una orden de salida de cumplimiento voluntario que concrete el mandato contenido en el art. 28.3.c) de la LOEX, y en la Directiva 2008/115/CE del Parlamento Europeo y del Consejo, de 16 de diciembre de 2008.

- En ejecución de lo acordado **los plazos que se establezcan para la salida efectiva del territorio nacional,** sin perjuicio de las excepciones que se establecen en nuestro ordenamiento y en la directiva, **deben ser prudentemente limitados en el tiempo,** dentro de los márgenes de los que dispone la Administración, a los efectos de no privar a la directiva de su efecto útil.

- La expulsión, comprensiva de la decisión de retorno y su ejecución, exige, en cada caso y de manera individualizada, la **valoración y apreciación de circunstancias agravantes que pongan de manifiesto y justifiquen la proporcionalidad de la medida adoptada,** tras la tramitación de un procedimiento con plenas garantías de los derechos de los afectados.

- Por tales **circunstancias de agravación** han de considerarse las que se han venido apreciando por la jurisprudencia en relación a la gravedad de la mera estancia irregular, bien sean de carácter subjetivo o de carácter objetivo, y que pueden comprender otras de análoga significación.

En definitiva, resuelve el caso concreto **estimando el recurso de casación y anulando las sentencias y la resolución administrativa por las que se acordaba la expulsión del territorio nacional con prohibición de entrada durante 3 años por carecer de la debida justificación de la imposición de la sanción más grave de expulsión frente a la multa.**

Decomiso de los bienes que hayan servido de instrumento para la comisión de una infracción en materia de extranjería

El apartado 5 del artículo 55 de la LOEX establece el **decomiso de los vehículos, embarcaciones, aeronaves, y cuantos bienes muebles o inmuebles, de cualquier naturaleza que sean,** hayan servido de instrumento para la comisión de la infracción consistente en inducir, promover, favorecer o facilitar con ánimo de lucro la inmigración clandestina en tránsito o con destino al territorio español, a no ser que dichos bienes pertenezcan a un tercero no responsable de la infracción.

Para **garantizar la efectividad del comiso**, los bienes, efectos e instrumentos podrán ser aprehendidos y puestos a disposición de la autoridad gubernativa, desde las primeras intervenciones, a resultas del expediente sancionador que resolverá lo pertinente en relación con los bienes decomisados.

Estos bienes, efectos e instrumentos decomisados por resolución administrativa o judicial firme se adjudicarán al Estado en los términos fijados en la Ley 33/2003, de 4 de noviembre, del Patrimonio de las Administraciones Públicas. **Estos bienes podrán ser utilizados provisionalmente por las unidades de extranjería en la lucha contra la inmigración ilegal siempre que lo acuerde la autoridad judicial,** con las debidas garantías para su conservación y mientras se sustancie el procedimiento.

Expulsión del territorio español de las personas extranjeras como sanción

Ya se ha hablado en los puntos sobre las salidas obligatorias de territorio español de la sanción de expulsión del territorio español.

A modo esquemático podemos resumir el artículo 57 de la LOEX de la siguiente manera:

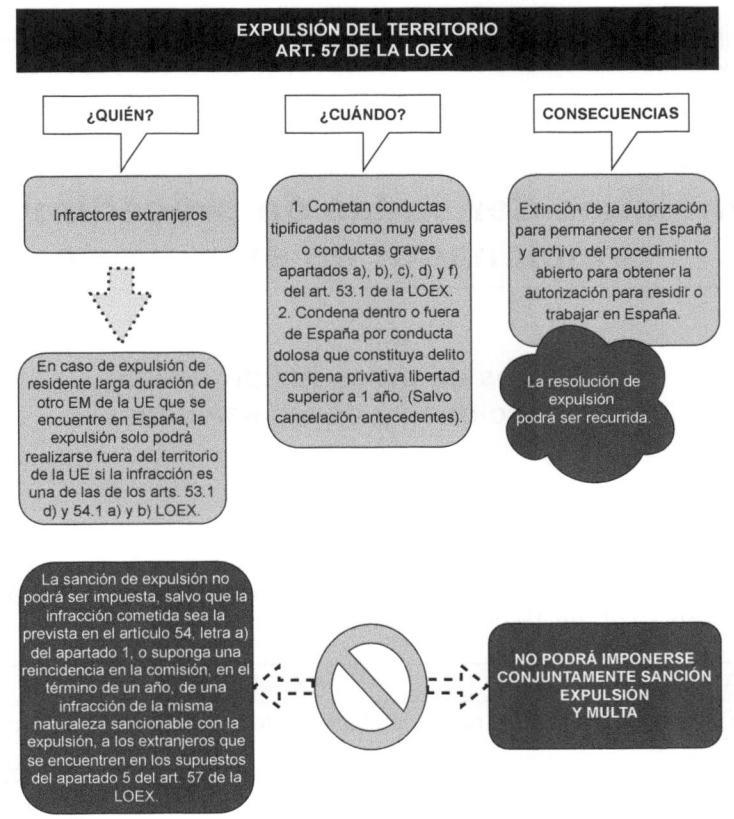

CUESTIÓN

Se establece una pena de 1 año y 3 meses por un delito de tráfico de drogas tipificado en el artículo 368 del CP a una persona extranjera. ¿Es aplicable el artículo 57.2 de la LOEX?

Para dar respuesta a la presente cuestión, utilizaremos como base lo dispuesto en la **sentencia del Tribunal Supremo n.º 753/2021, de 27 de mayo,** ECLI:ES:TS:2021:2245.

En primer lugar, señalar que el referido artículo 368 del CP establece:

«Los que ejecuten actos de cultivo, elaboración o tráfico, o de otro modo promuevan, favorezcan o faciliten el consumo ilegal de drogas tóxicas, estupefacientes o sustancias psicotrópicas, o las posean con aquellos fines, serán castigados con las penas de prisión de tres a seis años y multa del tanto al triplo del valor de la droga objeto del delito si se tratare de sustancias o productos que causen grave daño a la salud, y de prisión de uno a tres años y multa del tanto al duplo en los demás casos.

No obstante lo dispuesto en el párrafo anterior, los tribunales podrán imponer la pena inferior en grado a las señaladas en atención a la escasa entidad del hecho y a las circunstancias personales del culpable. No se podrá hacer uso de esta facultad si concurriere alguna de las circunstancias a que se hace referencia en los artículos 369 bis y 370».

Por lo que, de tal precepto se deduce que el mismo no tiene asignada una pena que «en todo su ámbito o espectro sancionador» sea superior al año y, por esta razón, el artículo 57.2 LOEX no podría ser aplicado en este caso, lo que conduce a la conclusión de que no podrá acordarse la expulsión de la persona extranjera del territorio español, con prohibición de entrada ya que carecería de cobertura legal.

2.3. Prescripción de infracciones y sanciones derivadas de procedimiento sancionador en extranjería

Plazos de prescripción de las infracciones y de las sanciones

|| Prescripción de las infracciones

Los plazos de prescripción de la **acción para sancionar las infracciones** previstas en la LOEX son diferentes según se trate de infracciones leves, graves o muy graves (art. 225.2 del RLOEX y a partir del 20/05/2025 art. 224.2 del RD 1155/2024, de 19 de noviembre):

INFRACCIÓN	PRESCRIPCIÓN
Muy grave	**3 años** a partir del día en que los hechos se hayan cometido.
Grave	**2 años** a partir del día en que los hechos se hayan cometido.
Leve	**6 meses** a partir del día en que los hechos se hayan cometido.

¿Cuándo se interrumpirá la prescripción? De acuerdo con el artículo 225.2 del RLOEX y, a partir del 20/05/2025, con el art. 224.3 del RD 1155/2024, de 19 de noviembre, la prescripción **se interrumpirá** por cualquier actuación de la Administración de la que tenga conocimiento el denunciado y, en cambio, el plazo de prescripción se reanudará si el procedimiento estuviera paralizado durante más de un mes por causa no imputable al expedientado.

|| Prescripción de las sanciones

El plazo de prescripción de la sanción también será diferente según la sanción impuesta lo fuera por infracción muy grave, grave o leve (art. 225.3 del RLOEX y a partir del 20/05/2025 art. 224.3 del RD 1155/2024, de 19 de noviembre):

INFRACCIÓN	PRESCRIPCIÓN
Muy grave	**5 años** desde el día siguiente a aquel en que adquiera firmeza la resolución por la que se imponga la sanción.
Grave	**2 años** desde el día siguiente a aquel en que adquiera firmeza la resolución por la que se imponga la sanción.
Leve	**1 año** desde el día siguiente a aquel en que adquiera firmeza la resolución por la que se imponga la sanción.

Si la sanción impuesta fuera la de expulsión del territorio nacional, la prescripción no empezará a contar hasta que haya transcurrido el período de prohibición de entrada fijado en la resolución. Este período, conforme al artículo 56 de la LOEX, será de un máximo de 10 años, si bien, más concretamente, el artículo 225.3 del RLOEX remite, para fijar dicho plazo, a lo dispuesto en el artículo 245.2 del RLOEX y a partir del 20//05/2025 en el art. 244.2 del RD 1155/2024, de 19 de noviembre, del que se infiere:

– Como **regla general**, la duración de la prohibición no excederá de 5 años.

– **Excepcionalmente**, cuando la persona extranjera suponga una amenaza grave para el orden público, la seguridad pública, la seguridad nacional o para la salud pública, podrá imponerse un periodo de prohibición de entrada de hasta 10 años, previo informe de la Comisaría General de Extranjería y Fronteras.

Plazo máximo para resolver: determinación de la prescripción y de la caducidad

La prescripción, tanto de la infracción como de la sanción, **se aplicará de oficio por los órganos competentes** en las diversas fases de tramitación del expediente.

Tanto la prescripción como la caducidad exigirán de una resolución en la que se mencione tal circunstancia como causa de terminación del procedimiento, con indicación de los hechos producidos y las normas aplicables, según lo establecido en el apartado 1 del artículo 21 de la Ley 39/2015, de 1 de octubre, sobre el Procedimiento Administrativo Común de las Administraciones Públicas.

Por otra parte, en referencia a su procedimiento, **el plazo máximo en que debe dictarse y notificarse la resolución que resuelva el procedimiento será de 6 meses desde que se acordó su iniciación**, sin perjuicio de lo dispuesto para el procedimiento simplificado. Si transcurre ese plazo sin que se produzca la resolución, se producirá la caducidad del procedimiento, procediendo a su archivo. Este plazo tiene su excepción cuando el procedimiento se hubiera paralizado por causa imputable a los interesados o en aquellos supuestos en que se hubiese acordado su suspensión.

JURISPRUDENCIA

Sentencia del Tribunal Supremo n.º 1105/2020, de 23 de julio, ECLI:ES:TS:2020:2665

«Finalmente y de manera expresa hemos señalado en la reciente sentencia de 4 de marzo de 2020 (rec. 5364/2018), relativa a un supuesto de expulsión en aplicación de art. 57.2 de la Ley Orgánica 4/2000, que "el plazo para dictar —y notificar— la nueva resolución debe entenderse de seis meses, que es el fijado 'por la norma reguladora del correspondiente del procedimiento' (artículo 42.2 de la Ley 30/1992, de 26 de noviembre, de Régimen jurídico de las administraciones públicas y del procedimiento administrativo común —LRJPA—, hoy 21.2 de la Ley 39/2015, de 1 de octubre, del Procedimiento administrativo común de las administraciones públicas —LPAC—, esto es, en el caso de autos, el citado plazo de seis meses previsto en el artículo 225.1 RLOEX".

TERCERO.-En consecuencia deduciéndose de la legislación específica el establecimiento de un plazo de caducidad aplicable al caso, ha de estarse al mismo sin que haya razón para acudir al régimen general de la legislación de procedimiento administrativo, por lo que, en respuesta a la cuestión de interés casacional planteada en el auto de admisión de este recurso, ha de entenderse que el plazo de caducidad en los expedientes de expulsión del territorio es el de seis meses establecido en el artículo 225.1 del Reglamento de Extranjería».

RESOLUCIÓN RELEVANTE

Sentencia del Tribunal Superior de Justicia de Castilla y León n.º 164/2018, de 20 de febrero, ECLI:ES:TSJCL:2018:660

Se resuelve recurso de apelación interpuesto contra una sentencia que ordena la expulsión del territorio nacional de una persona extranjera. El recurrente alega la caducidad del procedimiento administrativo en el que se dictó el acto impugnado. El tribunal considera que el plazo de caducidad aplicable es el de los seis meses previsto en el artículo 225 del Real Decreto 557/2011, de 20 de abril, plazo que según los datos apuntados no había transcurrido, lo que hace que deba rechazarse la caducidad alegada. Esto según el artículo 255 del citado Real Decreto 557/2011 que regula la caducidad del procedimiento refiriéndose tanto al ordinario como al preferente (que es el que se da en este caso). El hecho de que la jurisprudencia tenga declarado que la expulsión ordenada al amparo del artículo 57.2 de la LOEX (infracción que se comete en este caso) no tiene carácter sancionador, sino que es una medida que se acuerda legítimamente en el marco de la política de extranjería española. De esta circunstancia no cabe deducir que el procedimiento de expulsión al que se refiere el artículo 242 del RLOEX tiene una regulación distinta según cual sea el supuesto que determine su incoación, por lo que no tiene sentido que no sea aplicable a los supuestos del artículo 57.2 de la LOEX el plazo de seis meses establecido con carácter general.

Destacamos en este apartado, la **sentencia del Tribunal Supremo n.º 1334/2019, de 9 de octubre, de 2019, ECLI:ES:TS:2019:3321,** que fija el **criterio interpretativo a seguir respecto al plazo de caducidad de los procedimientos sancionadores en extranjería.**

El recurso de casación resuelto por el Alto Tribunal fue interpuesto contra la resolución administrativa dictada en procedimiento sancionador, que imponía la sanción de expulsión por aplicación del artículo 57.2 de la LOEX, en relación con el artículo 15.c y 15.5 del RLOEX y a partir del 20/05/2025 del RD 1155/2024, de 19 de noviembre.

La Sala de lo Contencioso del Supremo establece, con base en el artículo 225 del RLOEX (art. 224 del RD 1155/2024, de 19 de noviembre, a partir del 20/05/2025) el siguiente criterio interpretativo:

> «(...) el plazo máximo para resolver los procedimientos sancionadores es de **6 meses, computados desde la fecha en que se notificó el acuerdo de incoación, trascurrido los cuales, se produce la caducidad del procedimiento,** salvo los casos en que se haya paralizado por causa imputable al afectado o se hubiera acordado —y notificado— su suspensión, plazo que queda reducido a dos meses en los supuestos de procedimiento simplificado (art. 238 del mismo Reglamento)».

El hecho del que trae causa este fallo, fue la situación de una persona extranjera titular de una tarjeta comunitaria de residencia permanente por estar casado con una mujer de nacionalidad española, con más de 10 años de residencia en España, que se encontraba cumpliendo una pena de prisión por la comisión de varios delitos.

Por estos delitos, se incoa el correspondiente expediente sancionador notificado en fecha 11/08/2016, al considerar que los mismos constituyen infracción grave administrativa tipificada en la LOEX sobre derechos y libertades de las personas extranjeras en España y su integración social, por haber quedado probado y acreditado que la conducta del interesado constituye una amenaza real que atenta contra la seguridad pública en la sociedad de acogida, justificado por la existencia de numerosas condenas judiciales por delitos castigados con pena de prisión.

El objeto del recurso interpuesto ante el TS era la determinación del **plazo máximo de tramitación del procedimiento para la imposición de la medida de expulsión**, desde su inicio hasta la notificación de la resolución final.

3.
MEDIDAS CAUTELARES EN EL PROCEDIMIENTO SANCIONADOR DE EXTRANJERÍA

3.1. Tipos de medidas cautelares en el procedimiento sancionador de extranjería

Adopción de medidas cautelares en un procedimiento de extranjería

|| **Tipos de medidas cautelares**

Las medidas cautelares se pueden definir como las disposiciones que se toman como prevención para asegurar la eficacia final de un fallo o para la preservación del bien litigioso.

Las medidas que se pueden adoptar en un procedimiento sancionador de extranjería en el que se proponga la expulsión son, de acuerdo con lo dispuesto en el artículo 61.1 de la LOEX, las siguientes:

- **Presentación periódica** ante las autoridades competentes.

- **Residencia obligatoria en un determinado lugar**.

- **Retirada del pasaporte o documento acreditativo de su nacionalidad**, previa entrega al interesado del resguardo acreditativo de tal medida.

- **Detención cautelar, por la autoridad gubernativa o sus agentes, por un período máximo de 72 horas** previas a la solicitud de internamiento. En cualquier otro supuesto de detención, la puesta a disposición judicial se producirá en un plazo no superior a 72 horas.

- **Internamiento preventivo, previa autorización judicial en los centros de internamiento**.

– Cualquier otra medida cautelar que el juez estime adecuada y suficiente.

En relación con la posibilidad de adoptar simultáneamente dos medidas cautelares, puede destacarse la **sentencia del Tribunal Superior de Justicia de Asturias n.º 346/2019, de 29 de abril, ECLI:ES:TSJAS:2019:1239**, de la que se infiere que no cabe una interpretación restrictiva del artículo 61 de la LOEX tendente a negar aquella posibilidad sino que del juego de este precepto con el artículo 63 de la LOEX y de una interpretación sistemática de aquel cabe concluir que «(...) es clara la posibilidad de adoptar simultáneamente varias de las medidas cautelares de las allí previstas siempre y cuando, como aquí acontece, no resulten incompatibles entre sí y, además, respondan a distinta finalidad como es la de mantener al ciudadano extranjero localizado en territorio nacional y a la vez evitar su salida al extranjero».

Ante la negativa de la adopción de una medida cautelar consistente en la suspensión de la presentación periódica acordada así como la suspensión de la ejecución de la resolución decretando la expulsión de una extranjera, se ha pronunciado en vía de recurso el **Tribunal Superior de Justicia de Madrid en su sentencia n.º 626/2023, de 13 de julio, ECLI:ES:TSJM:2023:9078**, que con referencia al artículo 61 de la LOEX y al artículo 244.1 del RLOEX y a partir del 20/05/2025 debe entenderse hecha al art. 243.1 del RD 1155/2024, de 19 de noviembre, declara:

> «De los preceptos transcritos se deduce que se trata de una medida cautelar que se adopta en el marco del procedimiento que culmina con la resolución de expulsión enjuiciada en el procedimiento principal a que se refiere esta pieza incidental y que, en consecuencia, no debe ser enjuiciada, como así se declaró en el Auto apelado, en el marco de este procedimiento.
>
> Por lo que se refiere a la solicitud de suspensión de la resolución de expulsión, como hemos dicho en esta materia, la doctrina jurisprudencial establece que procede la adopción de la medida cautelar cuando, en caso contrario, se causarían perjuicios de imposible o difícil reparación, lo que ordinariamente acontece cuando la persona afectada tiene arraigo en España por razón de sus intereses familiares, sociales o económicos, casos en los que la ejecución de la orden de expulsión afectaría a la esfera personal, familiar o laboral de la persona extranjera, por lo que en tales circunstancias ha de prevalecer el interés particular en que se suspenda la ejecutividad del acuerdo de expulsión frente al general en ejecutar inmediatamente ésta».

Y, añade:

> «(...) los elementos probatorios que obran en la pieza de medidas cautelares (...) resultan insuficientes para acreditar el arraigo laboral, social y familiar invocado, de forma que no ha quedado constatado la existencia de vínculos familiares (...), laborales (...) o sociales (...) de la apelante con nuestro país de entidad o intensidad suficientes para poder concluir que en este caso resulta procedente la suspensión cautelar de la orden de expulsión por razones de arraigo lo que determina que, conforme se indica en el Auto apelado, no se pueda considerar acreditado el arraigo requerido para

acordar la suspensión solicitada, a lo que debe añadirse que los intereses de la demandante concretados en la adopción de la medida cautelar de suspensión del acto administrativo impugnado no deben anteponerse a la ejecutividad del mismo ni al interés público existente».

Asimismo, cabe hacer referencia específica a la medida de internamiento preventivo respecto de la cual resulta particularmente interesante lo expuesto en el **auto de la Audiencia Provincial de Burgos n.º 627/2023, de 15 de septiembre, ECLI:ES:APBU:2023:539A**. En él se hace referencia, en primer lugar, a la resolución por la que se acuerda la medida de internamiento de extranjero pendiente de expulsión en la cual, respecto de la tutela del derecho a la libertad ambulatoria, debe:

– Examinar y comprobar si la medida que se adopta se produce en el procedimiento adecuado y con cumplimiento de los requisitos formales.

– Comprobar que concurre en el extranjero alguna de las causas que permiten la adopción de la medida.

– Motivar explícitamente que la medida cautelar tiene unos fines legítimos y es proporcionada a la finalidad perseguida.

En estos supuestos de internamiento, el juez de instrucción actúa como juez de garantías, así señala el citado auto que:

«El control que el Juez de Instrucción puede y debe ejercer sobre la actuación administrativa se circunscribe a la apariencia de buen derecho (*fumus boni iuris*) y con distinto alcance según se trate del internamiento previsto en el art. 61.1 o 62.1 de la L.O. En el primer caso se trata de una medida cautelar (tal es la rúbrica del artículo) preventiva o anticipada, encaminada al aseguramiento de la ejecución de una futura y eventual resolución de expulsión que de momento es inexistente, por ello parece lógico que, al igual que en la prisión provisional, se verifique la existencia de indicios racionales de la causa de expulsión invocada, sea oído el interesado y se ponderen sus circunstancias subjetivas y objetivas, tal como dispone expresamente el texto legal.

En estos casos de internamiento para ejecutar la resolución de expulsión el control por el Juez de Instrucción de la actuación administrativa es menor, so riesgo de convertirlo en un Juez contencioso administrativo. Lógicamente deberá verificar que se ha dictado la orden de expulsión y que la misma no es de una ilegalidad patente, flagrante o clamorosa, (no sería admisible auxiliar a la administración para ejecutar una resolución que aparece como prevaricadora); su notificación al interesado; el transcurso del plazo fijado para el abandono voluntario del territorio nacional; la vigencia de la orden de expulsión, y las razones aducidas por la administración para no poder verificar la expulsión en el plazo de setenta y dos horas y ser necesario el internamiento».

Y añade para el caso planteado que «(...) se cumplen los requisitos formales al existir una resolución administrativa, de fecha 10/10/2022, conteniendo la prohibición de entrada en España hasta 9/10/2032, la cual se fundamenta en la posible pertenencia a un grupo terrorista, filial de la antigua Al-Qaeda, y por ello entendiendo que de no realizarse el internamiento existe la posibilidad de que sea vulnerada, resulta adecuado el mismo, por el tiempo legalmente previsto (...)».

‖ Especialidades en la adopción de medidas cautelares

En el RLOEX, artículos 244 y 251, se contempla la posibilidad de adoptar medidas cautelares en los procedimientos de expulsión y de imposición de multas, respectivamente.

> **A TENER EN CUENTA**. Lo previsto en el RD 557/2011, de 20 de abril, quedará derogado el 20/05/2025 por el nuevo RD 1155/2024, de 19 de noviembre, que hace igualmente referencia a las medidas cautelares en el procedimiento para la imposición de multas en su art. 251 y a las medidas cautelares en el procedimiento de expulsión en el art. 243 del Reglamento de Extranjería.

En caso de un **procedimiento de expulsión**, el instructor podrá adoptar, en cualquier momento, mediante acuerdo motivado, las medidas de carácter provisional que resulten necesarias para asegurar la eficacia de la resolución que pudiera recaer. En caso de que el **procedimiento tramitado fuera de carácter ordinario no podrá adoptarse la medida cautelar de internamiento**. Esto último también se infiere del art. 63 bis de la LOEX.

Prevén, además, en términos idénticos, los artículos 244.2 y 251.1 del RLOEX que, conforme a lo previsto para el decomiso en el artículo 221 del RLOEX, el instructor podrá **mantener la aprehensión de los bienes, efectos o instrumentos utilizados** para cometer la infracción muy grave prevista en el artículo 54.1.b) de la LOEX. **¿Cuál es esta infracción?** Será la de «Inducir, promover, favorecer o facilitar con ánimo de lucro, individualmente o formando parte de una organización, la inmigración clandestina de personas en tránsito o con destino al territorio español o su permanencia en el mismo, siempre que el hecho no constituya delito».

> **A TENER EN CUENTA**. Lo previsto en el RD 557/2011, de 20 de abril, quedará derogado el 20/05/2025 por el nuevo RD 1155/2024, de 19 de noviembre, que hace igualmente referencia, como ya hemos explicado en el anterior «A TENER EN CUENTA» a las medidas cautelares en el procedimiento para la imposición de multas en su art. 251 y a las medidas cautelares en el procedimiento de expulsión en el art. 243 del Reglamento de Extranjería. En el nuevo Reglamento de Extranjería regula el decomiso en su art. 220.

Por otro lado, el artículo 61.2 de la LOEX hace referencia al caso de **expedientes sancionadores en la comisión de infracciones por transportistas** en los términos siguientes:

> «En los expedientes sancionadores en la comisión de infracciones por transportistas, si éstos infringen la obligación de tomar a cargo al extranjero transportado ilegalmente, podrá acordarse la suspensión de sus actividades, la prestación de fianzas, avales, o la inmovilización del medio de transporte utilizado».

Si bien, en cuanto al procedimiento de imposición de multas, se refiere al supuesto anterior el artículo 251.2 del RLOEX y a partir del 20/05/2025 del RD 1155/2024, de 19 de noviembre, de forma más concreta, ya que acota la posibilidad de que la autoridad gubernativa adopte alguna medida cautelar. Entonces **¿en qué casos podrán acordarse medidas cautelares?** En aquellos casos en que se cumplan dos condiciones:

– Se siga **expediente sancionador** por alguna de las infracciones muy graves siguientes:

  • El transporte de personas extranjeras por vía aérea, marítima o terrestre, hasta el territorio español, por los sujetos responsables del transporte, sin que hubieran comprobado la validez y vigencia, tanto de los pasaportes, títulos de viaje o documentos de identidad pertinentes, como, en su caso, del correspondiente visado, de los que habrán de ser titulares las citados personas extranjeras [art. 54.2.b) de la LOEX].

  • El incumplimiento de la obligación que tienen los transportistas de hacerse cargo sin pérdida de tiempo de la persona extranjera o transportado que, por deficiencias en la documentación citada, no haya sido autorizado a entrar en España, así como de la persona extranjera transportado en tránsito que no haya sido trasladado a su país de destino o que hubiera sido devuelto por las autoridades de este, al no autorizarle la entrada [art. 54.2.c) de la LOEX].

– Los transportistas **infrinjan la obligación de tomar a cargo a la persona extranjera** transportado ilegalmente.

Y cumplidas las condiciones **¿qué medidas cautelares podrá acordar?**

– Suspensión temporal de las actividades por un período que no podrá exceder de seis meses.

– Prestación de fianza o avales, en atención al número de afectados y el perjuicio ocasionado.

– Inmovilización del medio de transporte utilizado hasta el cumplimiento de la obligación.

CUESTIÓN

¿Podrá suspenderse cautelarmente la orden de internamiento de una persona extranjera cuando ya se haya producido su expulsión?

Se establece en la **sentencia del Tribunal Superior de Justicia de Madrid n.º 1583/2007, de 18 de diciembre, ECLI:ES:TSJM:2007:19388**, que, en el caso de que ya se hubiera ejecutado la expulsión del territorio de la persona extranjera, no concurrirán las razones de urgencia para adoptar una medida provisionalísima consistente en la suspensión de la orden de internamiento, máxime cuando, en el momento en que se resolvió su petición, el extranjero no se encontraba ya en el centro de internamiento:

«(...) Por tanto, difícilmente puede acordarse como medida cautelar provisionalísima la suspensión de una decisión administrativa que ya se ha ejecutado.

No puede olvidarse que en este caso concreto la parte apelante interponía recurso contencioso administrativo y solicitaba la adopción de medida cautelar provisionalísima en relación con la orden de internamiento de la persona extranjera en el CIE. Y efectivamente la decisión del Juez "a quo" de no proceder a su suspensión ha sido adecuada dado que cuando se ha resuelto dicha petición no concurrían razones de urgencia puesto que el extranjero no se encontraba en el referido centro de internamiento en el momento en que se resolvió dicha petición por el órgano judicial. Las alegaciones que recoge la parte apelante en relación con el posible arraigo familiar y laboral de la persona extranjera afectado solo pueden ser examinadas cuando se impugne la decisión administrativa que ordena la expulsión de D. Luis Alberto así como la prohibición de entrada en territorio nacional durante un periodo de 10 años, resolución administrativa que no constituye el objeto de los presentes autos».

3.2. Los Centros de Internamiento de Personas extranjeras (CIE)

Un centro de internamiento de personas extranjeras se define en el artículo 1.2 del Real Decreto 162/2014, de 14 de marzo, por el que se aprueba el reglamento de funcionamiento y régimen interior de los centros de internamiento de personas extranjeras —en el mismo sentido, el art. 62 bis apartado 1 de la LOEX— como aquel **establecimiento público no penitenciario, dependiente del Ministerio del Interior, destinado a la custodia preventiva y cautelar de personas extranjeras para garantizar su expulsión, devolución o regreso, y de las personas extranjeras que, en el caso de habérseles sustituido la pena privativa de libertad por la medida de expulsión, el juez o tribunal competente así lo acuerde** en aplicación del artículo 89.8 del CP.

A TENER EN CUENTA. El artículo 1.2 del Real Decreto 162/2014, de 14 de marzo, remite a la aplicación del artículo 89.6 del CP si bien su contenido ha pasado a integrarse en el artículo 89.8 del CP tras la reforma operada por la Ley Orgánica 1/2015, de 30 de marzo, por lo que debe entenderse hecha la remisión a este último precepto.

¿Cuál es la finalidad de los centros de internamiento de personas extranjeras? Únicamente tendrán una **finalidad preventiva y cautelar**, y estarán orientados a garantizar la presencia de la persona extranjera durante la sustanciación del expediente administrativo y la ejecución de la medida de expulsión, devolución o regreso.

Solo se podrá imponer, como medida cautelar, el **internamiento en un CIE mientras se tramite el expediente de expulsión** que se haya abierto por alguno de los siguientes casos (art. 62.1 de la LOEX):

- Por participar en actividades contrarias a la seguridad nacional o que perjudiquen las relaciones de España con terceros países, o por estar implicado en actividades contrarias al orden público previstas como muy graves en la Ley Orgánica 4/2015, de 30 de marzo, de protección de la seguridad ciudadana.

- Por inducir, promover, favorecer o facilitar con ánimo de lucro, la inmigración clandestina de personas en tránsito o con destino al territorio español o su permanencia en él, siempre que esta conducta no sea constitutiva de delito.

– Por encontrarse en situación irregular en el territorio español, por no haber obtenido la prórroga de estancia, carecer de autorización de residencia o tenerla caducada más de tres meses.

– Por haber incumplido las medidas impuestas por razón de seguridad pública, de presentación periódica o alejamiento de fronteras o núcleos de población concretados singularmente.

– Por participar en actividades contrarias al orden público previstas como graves en la Ley Orgánica 4/2015, de 30 de marzo, de protección de la seguridad ciudadana.

– Por haber sido condenado, dentro o fuera de España, por una conducta dolosa que constituya delito en España sancionado con una pena privativa de libertad superior a un año, salvo cancelación de los antecedentes penales.

RESOLUCIÓN RELEVANTE

Sentencia del Tribunal Superior de Justicia de Madrid n.º 4/2008, de 9 de enero, ECLI:ES:TSJM:2008:37

La recurrente es una mujer que se encontraba internada en un centro de internamiento de personas extranjeras, incursa en diligencias previas. Considera que con la adopción de esta medida se pierde la finalidad del recurso, entendiendo que su internamiento perjudicaría gravemente a los intereses de un tercero.

La Sala del TSJ de Madrid, tras realizar un análisis sobre las actuaciones, entiende que no ha de estimarse el recurso, puesto que se hallaba de forma ilegal en territorio nacional sin que constase ninguna circunstancia excepcional que impidiese la ejecución de la sanción acordada, ni se acredita tampoco situación de arraigo que pueda impedir la ejecución del acto. Por todo esto entiende la Sala que la valoración de las circunstancias se ha realizado acorde con el ordenamiento jurídico, procediendo a la desestimación del recurso.

El juez deberá dar audiencia al interesado y al Ministerio Fiscal y, tras esto, resolverá en auto motivado de acuerdo con el principio de proporcionalidad y teniendo en cuenta las circunstancias especiales de la persona extranjera, en concreto:

– El riesgo de incomparecencia ante la falta de domicilio o documentación identificativa.

– Las actuaciones tendentes a dificultar o evitar la expulsión.

– La existencia de condena o sanciones administrativas previas y de otros procesos penales o administrativos sancionadores pendientes.

– Asimismo, en caso de enfermedad grave de la persona extranjera, también se valorará el riesgo que la medida puede suponer para salud pública o la propia salud de aquel.

CUESTIÓN

¿A quién corresponde la creación de los centros de internamiento de personas extranjeras?

Para dar respuesta a esta cuestión cabe traer a colación el artículo 5 del Real Decreto 162/2014, de 14 de marzo, del que se infiere que la creación, modificación o supresión de los centros de internamiento de personas extranjeras corresponde al ministro del Interior mediante orden. Como supuesto especial, el apartado segundo del citado precepto hace referencia a la posibilidad de habilitar, en caso de situaciones de emergencia que desborden la capacidad de los CIE, otros centros de ingreso temporal o provisional. Estos últimos procurarán que sus instalaciones y servicios sean similares a los de los CIE y los internos gozarán de los mismos derechos y garantías.

Pues bien, en relación con la posibilidad anterior, entre otros aspectos del Real Decreto 162/2014, de 14 de marzo, se planteó recurso ante el Tribunal Supremo cuestionando que se pueda llevar a cabo el internamiento fuera de los CIE y que la restricción de la libertad de las personas extranjeras se efectúe, en este caso, mediante disposición reglamentaria y no mediante ley al no estar previsto en la LOEX. En relación con ello, la **STS, rec. 373/2014, de 10 de febrero de 2015, ECLI:ES:TS:2015:807**, ha declarado:

«(...) No es correcto interpretar, tal como viene a hacer la parte recurrente, que la previsión de centros provisionales de internamiento para supuestos de emergencia que desborden la capacidad de los centros ya creados pueda calificarse de un supuesto de privación de libertad sin habilitación legal. El único supuesto de privación de libertad es el contemplado por la propia Ley de Extranjería en sus artículos 60.1 in fine, 61.1, 62.1, párrafo primero y 62.2, preceptos todos que se reconducen a un único supuesto de privación de libertad de personas extranjeras consistente en la medida cautelar de internamiento preventivo previo a su expulsión del territorio nacional en dos distintas situaciones, la de las personas extranjeras pendientes de expulsión en caso de denegación de entrada y la de los sometidos a un expediente de expulsión (...).

(...)

Así pues, las personas extranjeras pendientes de ser expulsados de España o sometidos a un expediente de expulsión pueden ser internados en los centros de internamiento contemplados en el apartado 2 del artículo 60 y por el tiempo previsto en el apartado 2 del artículo 62. Ese es el único supuesto de internamiento contemplado por la Ley de Extranjería (...) el artículo 5 del Reglamento, ni en el primero ni en el segundo apartado, establece supuesto alguno de privación de libertad, sino que atribuye la competencia para crear centros con carácter permanente al Ministro del Interior y prevé la posibilidad para, en caso de necesidad, habilitar centros con carácter temporal o provisional; decisión ésta que hay que entender que corresponde igualmente al Ministro del Interior y que no supone, en último extremo, más que la posibilidad de crear, además de los centros de internamiento permanentes, otros con carácter provisional y presumiblemente transitorio por razones de emergencia».

Competencia en materia de internamiento de personas extranjeras

La competencia para adoptar el internamiento de personas extranjeras en los centros de internamiento que se creen al efecto corresponde al juez de instrucción como se infiere del artículo 62.1 de la LOEX ya citado, si bien cabe hacer referencia a las normas específicas que sobre competencia contempla el apartado sexto de dicho precepto y que se concretan en las siguientes:

– **Competencia para autorizar y dejar sin efecto, cuando proceda, el internamiento:** juez de instrucción del lugar de la detención.

– **Competencia para el control de la estancia de las personas extranjeras en los centros de internamiento y en las salas de inadmisión de fronteras:** juez de instrucción del lugar donde se ubiquen con designación de un juzgado concreto en los partidos judiciales donde existan varios.

– **Competencia para conocer, sin ulterior recurso, de las peticiones y quejas que planteen los internos en cuanto afecten a sus derechos fundamentales:** mismo juez de instrucción que tiene competencia para el control de la estancia. Este último también podrá realizar visitas a los centros cuando tenga conocimiento de algún incumplimiento grave o lo considere conveniente.

A título de ejemplo, cabe citar la **sentencia del Tribunal Superior de Justicia de la Comunidad Valenciana n.º 434/2022, de 27 de junio, ECLI:ES:TSJCV:2022:3150**, en la que se cuestiona a qué jurisdicción corresponde pronunciarse sobre el internamiento de una persona extranjera en un CIE. De ella se infiere que corresponde a la jurisdicción penal, y no a la contencioso-administrativa, pronunciarse sobre la impugnación de la autorización del internamiento, así señala:

> «La Sala, a la vista de las alegaciones formuladas por las partes, y de las actuaciones practicadas en la primera instancia judicial, estima acertados los fundamentos jurídicos contenidos en el auto apelado, así como la decisión de inadmisión del recurso contencioso-administrativo a que dicho auto llega. Como en ese auto se fundamenta, la competencia para conocer del asunto corresponde a la jurisdicción penal. Esta conclusión se desprende con claridad de la regulación contenida en el art. 62 de la L.O. 4/2000 (...).
>
> Es claro, por tanto, que siendo el Juez de Instrucción el órgano judicial competente para autorizar el internamiento de la persona extranjera solicitado por el instructor del expediente administrativo, la impugnación jurisdiccional de ese acuerdo autorizatorio del internamiento corresponde al propio Juzgado de instrucción que lo haya dispuesto, a través de la presentación por dicho extranjero de los correspondientes recursos en vía penal (...)».

Asimismo, para terminar, cabe tener en cuenta lo previsto en el artículo 62.5 de la LOEX del que resulta la obligación de comunicar al Ministerio de Asuntos Exteriores, Unión Europea y Cooperación y a la embajada o consulado del país de origen de la persona extranjera de los siguientes hechos:

– Incoación del expediente.

– Medidas cautelares de detención e internamiento.

– Resolución final del expediente de expulsión de la persona extranjera.

Derechos y deberes de las personas extranjeras en los CIE

Partiendo de los artículos 62 bis de la LOEX y 16 del Real Decreto 162/2014, de 14 de marzo, así como del concepto dado de centros de internamiento de personas extranjeras es importante destacar que dentro de los mismos se procurará la **salvaguarda de los derechos y libertades reconocidos a las personas extranjeras** por el ordenamiento jurídico. **Pero ¿existe algún tipo de limitación a lo anterior?** Señala el Real Decreto 162/2014, de 14 de marzo, la posibilidad de que se establezcan las limitaciones que fueran necesarias atendiendo al contenido y finalidad de la medida de internamiento acordado, si bien la LOEX las concreta más refiriéndose a las **limitaciones que se establezcan a la libertad ambulatoria** de la persona extranjera.

Dicho esto, los **derechos de las personas extranjeras sometidos a internamiento** pueden concretarse en los siguientes:

- A ser informado de su situación en un idioma que le sea inteligible, así como de las resoluciones judiciales y administrativas que le afecten.

- A que se vele por el respeto a su vida, integridad física y salud, sin que pueda en ningún caso ser sometido a tratos degradantes o vejatorios, y a que sea preservada su dignidad y su intimidad.

- A facilitarle el ejercicio de los derechos reconocidos por el ordenamiento jurídico, sin más limitaciones que las derivadas de su situación de internamiento, y en especial cuando se solicite protección internacional o cuando sea víctima de violencia de género, de trata de seres humanos o de violencia sexual.

- A no ser objeto de discriminación por razón de origen, incluido el racial o étnico, sexo, orientación o identidad sexual, ideología, religión o creencias, enfermedad, discapacidad o cualquier otra circunstancia personal o social.

- A recibir asistencia médica y sanitaria adecuada y ser atendido por los servicios de asistencia social del centro.

- A recibir un seguimiento médico especial, para las mujeres de las que se tenga constancia que se hallan embarazadas.

- A que se comunique inmediatamente su ingreso o su traslado a la persona que designe en España y a su abogado, así como a la oficina consular del país del que es nacional.

- A ser asistido de abogado y a comunicarse reservadamente con el mismo, incluso fuera de horario si la urgencia lo justifica.

- A comunicarse, en el horario establecido en el centro, con sus familiares, funcionarios consulares de su país u otras personas, derecho que solo podrá restringirse en virtud de resolución judicial.

- A ser asistido de intérprete si no comprende o no habla castellano, incluso, de forma gratuita si careciese de medios económicos.

- A tener en su compañía a sus hijos menores, siempre que el Ministerio Fiscal informe favorablemente tal medida.

- A entrar en contacto con organizaciones no gubernamentales y organismos nacionales, internacionales y no gubernamentales de protección de inmigrantes.

- A realizar, en el momento de su ingreso, dos comunicaciones telefónicas gratuitas: con su abogado y con un familiar o persona de confianza residente en España.

- A presentar quejas y peticiones en defensa de sus derechos e intereses legítimos que se remitirán, preservando su secreto, de forma inmediata a su destinatario.

> **A TENER EN CUENTA.** El inciso contenido en el artículo 16.2 letra k) del Real Decreto 162/2014, de 14 de marzo, relativo al derecho de la persona extranjera internado de tener en su compañía a sus hijos menores que rezaba «y existan en el centro módulos que garanticen la unidad e intimidad familiar» ha sido declarado nulo e inválido por la **STS, rec. 373/2014, de 10 de febrero de 2015, ECLI:ES:TS:2015:807.**

La persona extranjera interno, además de los anteriores derechos, está sometido al cumplimiento de una serie de deberes; en concreto, está obligado a (art. 62 ter de la LOEX y art. 18 del Real Decreto 162/2014, de 14 de marzo):

– Permanecer en el centro a disposición del órgano judicial que hubiera autorizado u ordenado su internamiento.

– Cumplir las normas por las que se rige el centro y las instrucciones de la dirección y los funcionarios, encaminadas a mantener el orden y la seguridad, así como las relativas a su propio aseo e higiene y la limpieza del centro.

– Mantener una actitud cívica correcta y de respeto con los funcionarios, visitantes y el resto de los internos; evitando proferir insultos o amenazas, promover o intervenir en agresiones, peleas, desórdenes u otros actos que alteren la convivencia.

– Conservar el buen estado de las instalaciones, el mobiliario y demás efectos del centro.

– Someterse a reconocimiento médico a la entrada y salida del centro o cuando por razones de salud colectiva, lo disponga el director.

Conforme al artículo 62 quáter de la LOEX, a las personas extranjeras que ingresen en un CIES se les entregará un escrito (en su idioma) con todos sus derechos y deberes, las cuestiones de organización generales, normas de funcionamiento del centro, normas disciplinarias y los medios con los que cuentan para poder formular peticiones o quejas.

Estas peticiones o quejas podrán ser realizadas de forma verbal o escrita, y podrán ser presentadas al director del centro, el cual las atenderá si fueran de su competencia y, en caso contrario, las remitirá a la autoridad competente.

La estancia de las personas extranjeras en los CIE

Ingreso de la persona extranjera en un CIE (art. 62 de la LOEX y art. 21 del Real Decreto 162/2014, de 14 de marzo)

El ingreso en los centros solamente se podrá realizar en virtud de resolución de la autoridad judicial competente.

El período de internamiento se mantendrá por el tiempo imprescindible para los fines del expediente y **no podrá exceder en ningún caso de 60 días**.

La decisión judicial que lo autorice, atendiendo a las circunstancias concurrentes en cada caso, podrá **establecer un periodo máximo de duración del internamiento inferior al citado**.

CUESTIONES

1. ¿Se puede solicitar un nuevo internamiento de la persona extranjera?

Conforme al artículo 62.2 de la LOEX, no podrá acordarse un nuevo internamiento de la persona extranjera por las mismas causas previstas en el expediente que determinaron el internamiento anterior. No obstante, se admite, en el artículo 21.3 del Real Decreto 162/2014, de 14 de marzo, el nuevo ingreso de la persona extranjera en caso de que obedezca a causas diferentes, por la totalidad del tiempo legalmente establecido. Esto último es así tras la nueva redacción dada al citado artículo 21.3 por la *STS, rec. 373/2014, de 10 de febrero de 2015, ECLI:ES:TS:2015:807*.

2. ¿Podrá acordarse el internamiento de menores en un CIE?

No, salvo que sean hijos menores de una persona extranjera interno y siempre que el MF informe favorablemente de tal medida. En cuanto a los menores personas extranjeras no acompañados que se encuentren en España serán puestos a disposición de las entidades públicas de protección de menores (art. 62.4 de la LOEX).

‖ ¿Cuándo cesará el ingreso en un CIE?

De acuerdo con el artículo 37 del Real Decreto 162/2014, de 14 de marzo, el cese del ingreso será adoptado por el director en los siguientes casos:

- Cuando **lo acuerde la autoridad judicial** competente.
- Cuando **lo acuerde la Comisaría General de Extranjería y Fronteras**, conforme al artículo 62.3 de la LOEX que se refiere al caso de que dejen de cumplirse las condiciones que determinaron el internamiento.
- Cuando se tenga constancia de que **la expulsión, devolución o regreso no podrá llevarse a efecto**.
- Cuando **se cumpla el plazo establecido en el auto judicial de ingreso o en una prórroga o venza el plazo máximo de 60 días**.
- Cuando **se vaya a proceder a la inmediata ejecución de la orden de expulsión, devolución o regreso**.
- Cuando **existan razones médicas, debidamente fundadas y justificadas por el facultativo del centro, que se consideren necesarias para la salud del interno**.

CUESTIÓN

¿Qué sucede cuando dejan de cumplirse las condiciones necesarias para que se acuerde el internamiento previstas en el artículo 62.1 de la LOEX?

En este caso, conforme al artículo 62.3 de la LOEX, deberá ponerse inmediatamente en libertad a la persona extranjera por la autoridad administrativa que lo tenga a su cargo que lo pondrá en conocimiento del juez que autorizó el internamiento. Igualmente, y en el mismo caso, podrá ordenarse el fin del internamiento y la inmediata puesta en libertad de la persona extranjera por el juez, de oficio o a instancia de parte o del Ministerio Fiscal.

‖ ¿Cómo se lleva a cabo la salida de un CIE?

En cualquier caso, la salida se pondrá en conocimiento de la autoridad judicial que acordó el internamiento y se dejará constancia de la misma en el libro-registro de entradas y salidas. **¿Cómo se dejará constancia?** Mediante la inclusión en el expediente del interno de dos documentos:

- La diligencia de salida del centro.
- La copia del auto judicial o resolución administrativa por la que se acuerde el cese del internamiento o, en su caso, copia de la orden de expulsión, devolución o regreso.

Al tiempo de la salida se le hará entrega al interno de:

- Todas las pertenencias previamente depositadas, previa firme del recibí correspondiente.
- Un certificado del período de internamiento.
- En caso de que deba seguir algún tratamiento médico, informe facultativo sobre su situación sanitaria y propuesta terapéutica.

CUESTIÓN

¿Qué sucede en el caso del internamiento previsto en el artículo 89.8 del Código Penal si la expulsión no puede llevarse a efecto o vence el plazo máximo de internamiento?

En este supuesto, señala el artículo 37.3 del Real Decreto 162/2014, de 14 de marzo, que el director lo comunicará a la respectiva brigada o unidad de extranjería que lo pondrá en conocimiento, con antelación suficiente, de la autoridad judicial que acordó su ingreso, cinco días antes del cumplimiento del plazo máximo, a efectos de que acuerde aquella lo que estime procedente.

A TENER EN CUENTA. El artículo 37.3 del Real Decreto 162/2014, de 14 de marzo, hace referencia al artículo 89.6 del CP si bien su contenido ha pasado a integrarse en el artículo 89.8 del CP tras la reforma operada por la Ley Orgánica 1/2015, de 30 de marzo, por lo que debe entenderse hecha la referencia a este último precepto.

Cuando la salida se acuerde para hacer efectiva la orden de expulsión, devolución o regreso, se entregará del interno a los funcionarios policiales encargados de su traslado a la frontera, formalizando la oportuna diligencia. En el resto de los casos, la salida tendrá lugar, previa firma de la diligencia oportuna por el interno o, en su caso, su traslado al centro penitenciario conforme al artículo 37.3 del Real Decreto 162/2014, de 14 de marzo.

CUESTIÓN

¿Puede reingresar el interno en el centro?

Sí, prevé esta posibilidad el artículo 38 del Real Decreto 162/2014, de 14 de marzo, para el caso de que sea imposible llevar a cabo la expulsión, devolución o regreso y este fuese el motivo de la salida. El reingreso se producirá por el plazo que falte hasta el máximo autorizado legal o judicialmente en el auto de internamiento, siempre que no conste la imposibilidad de su repatriación.

El reingreso se ajustará a lo previsto para el ingreso y, en todo caso, junto con la persona extranjera, se entregará a los responsables del centro el informe policial detallado de las circunstancias que hubieran impedido la ejecución de la expulsión, devolución o regreso, así como, si la persona extranjera presenta lesiones, el parte médico obligatorio. Se dará cuenta de todo ello a la autoridad judicial que acordó el internamiento.

Asimismo, la causa del reingreso y su comunicación a la autoridad judicial se hará constar en el libro-registro de entradas y salidas.

¿Qué peticiones, quejas y recursos podrán presentar las personas extranjeras internos en un CIE?

Las personas extranjeras internadas podrán formular peticiones o quejas, o interponer los recursos que correspondan. **¿Ante quién?** Ante los órganos administrativos o judiciales competentes o ante el MF. Asimismo, las personas extranjeras internadas podrán dirigir peticiones y quejas al Defensor del Pueblo y a los organismos e instituciones que consideren oportuno. En ambos casos también podrán presentarlas al propio director/a (art. 19 del Real Decreto 162/2014, de 14 de marzo).

Asimismo, las peticiones, quejas y recursos a que se refiere el párrafo anterior podrán presentarse en el propio registro del centro. En estos casos, se facilitará al interesado copia sellada de la primera página y se remitirá a la mayor urgencia a su destinatario, dejando constancia en el registro de la fecha y hora de su presentación, identificación del interesado y destinatario al que se envía; ello sin perjuicio del derecho de los interesados a obtener copia sellada de los documentos que presenten, si los aportan y lo solicitan.

Por lo que, a tal efecto, todos los centros dispondrán de un libro-registro de peticiones y quejas, compuesto por impresos normalizados y debidamente numerados a disposición de los internos.

Finalmente, cabe señalar que todas las resoluciones que se adopten al respecto serán motivadas y se notificarán a los interesados, con expresión en su caso:

- **Recursos** que procedan.
- **Plazos** para interponer los recursos.
- **Órgano** ante el que se han de presentar los recursos.

Medidas de seguridad dentro de los CIE

El artículo 62 quinquies de la LOEX prevé como medidas de seguridad dentro de los CIE:

- **Inspecciones de los locales** y dependencias.
- **Registros de personas**, ropas y enseres, siempre que sea necesario para la seguridad en el centro.

Se posibilita la utilización de medios de contención física personal o separación preventiva del agresor en habitación individual para evitar actos de violencia o lesiones, evitar intentos de fuga, daños en las instalaciones o ante la resistencia al personal del mismo en el ejercicio de sus funciones.

En todo caso, el uso de los medios de contención deberá ser proporcional, y solo se usarán cuando no exista otra manera menos gravosa para conseguir la finalidad perseguida y por el tiempo estrictamente necesario.

Para poder utilizar estos medios, será necesario que el director del centro lo autorice, salvo que razones de urgencia no lo permitan, en cuyo caso deberá ser comunicado de manera inmediata.

Por su parte, el director deberá comunicar este hecho a la autoridad judicial que autorizó el internamiento, con expresión detallada de los hechos que hubieren dado lugar a dicha utilización y de las circunstancias que pudiesen aconsejar su mantenimiento. El juez, en el plazo más breve posible y siempre que la medida acordada fuere separación preventiva del agresor, deberá si está vigente, acordar su mantenimiento o revocación.

A TENER EN CUENTA. En relación con las medidas de seguridad también hay que tener en cuenta lo previsto en los artículos 53 a 57 del Real Decreto 162/2014, de 14 de marzo.

4.
MODALIDADES DEL PROCEDIMIENTO SANCIONADOR

¿Qué modalidades hay en el procedimiento sancionador de extranjería?

El **artículo 217 del RLOEX** se refiere a las modalidades del procedimiento sancionador en el régimen de extranjería distinguiendo tres tipos:

> **A TENER EN CUENTA**. Lo previsto en el RD 557/2011, de 20 de abril, quedará derogado el 20/05/2025 por el nuevo RD 1155/2024, de 19 de noviembre, que hace referencia a las modalidades del procedimiento en el art. 216.

Procedimiento ordinario	Se aplica con **carácter general** fuera de los casos en que proceda el procedimiento preferente.	Artículo 63 bis de la LOEX. Artículos 226 a 233 del RLOEX. Artículos 225 a 232 RD 1155/2024, de 19 de noviembre (en vigor el 20/05/2025)
Procedimiento preferente	En los casos de las infracciones previstas en los **artículos 53.1.d) y f), 54.1.a) y b) y 57.2 de la LOEX,** así como en el **artículo 53.1.a) de la LOEX,** si se da alguna de las siguientes circunstancias: a) Riesgo de incomparecencia. b) La persona extranjera evite o dificulte la expulsión, sin perjuicio de las actuaciones en ejercicio de sus derechos. c) La persona extranjera represente riesgo para el orden público, la seguridad pública o la seguridad nacional.	Artículo 63 de la LOEX. Artículos 234 a 237 del RLOEX. Artículos 233 a 236 RD 1155/2024, de 19 de noviembre (en vigor el 20/05/2025)

Procedimiento simplificado	Se aplica en el caso de **infracciones leves** del artículo 52 de la LOEX.	Artículos 238 a 240 del RLOEX. Artículos 237 a 239 RD 1155/2024, de 19 de noviembre (en vigor el 20/05/2025)

4.1. El procedimiento preferente

Conforme al artículo 63.1 de la LOEX y al artículo 234 del RLOEX, **el procedimiento preferente será el aplicable cuando se inicie un expediente en el que pueda proponerse la expulsión**, por tratarse de alguna de las infracciones siguientes:

– Infracciones graves previstas en el **artículo 53.1 d) y f) de la LOEX**:

   • Incumplimiento de las medidas impuestas por razón de seguridad pública, de presentación periódica o de alejamiento de fronteras o núcleos de población concretados singularmente.

   • La participación por la persona extranjera en la realización de actividades contrarias al orden público previstas como graves en la Ley Orgánica 4/2015, de 30 de marzo, de protección de la seguridad ciudadana.

– Infracciones muy graves previstas en el **artículo 54.1 a) y b) de la LOEX**:

   • Participar en actividades contrarias a la seguridad nacional o que pueden perjudicar las relaciones de España con otros países, o estar implicados en actividades contrarias al orden público previstas como muy graves en la Ley Orgánica 4/2015, de 30 de marzo, de protección de la seguridad ciudadana.

   • Inducir, promover, favorecer o facilitar con ánimo de lucro, individualmente o formando parte de una organización, la inmigración clandestina de personas en tránsito o con destino al territorio español o su permanencia en el mismo, siempre que el hecho no constituya delito.

– La **causa de expulsión prevista en el artículo 57.2 de la LOEX** para el caso de que la persona extranjera haya sido condenada, dentro o fuera de España, por una conducta dolosa que constituya en España delito sancionado con pena privativa de libertad superior a un año, salvo que los antecedentes penales hubieran sido cancelados.

Asimismo, se aplicará el procedimiento preferente en el caso de la **infracción grave del artículo 53.1 a) de la LOEX** relativa a encontrarse irregularmente en territorio español, siempre que concurra alguna de las **circunstancias** siguientes:

– Riesgo de incomparecencia. El RD 1155/2024, de 19 de noviembre, en vigor a partir del 20/05/2025, aclara lo que se valorará a la hora de aplicar esta circunstancia: «Para ello se valorará, especialmente, en otras circunstancias, la ausencia de domicilio o de documentación identificativa, no hallarse prueba de que la persona extranjera haya entrado en el espacio Schengen de forma legal o el incumplimiento de una salida obligatoria».

– La persona extranjera evitara o dificultase la expulsión, sin perjuicio de las actuaciones en ejercicio de sus derechos.

– La persona extranjera representase un riesgo para el orden público, la seguridad pública o la seguridad nacional.

En estos supuestos no será posible la concesión del período de salida voluntaria.

A TENER EN CUENTA. Lo previsto en el RD 557/2011, de 20 de abril, quedará derogado el 20/05/2025 por el nuevo Reglamento de Extranjería aprobado por el RD 1155/2024, de 19 de noviembre, que hace referencia a los supuestos en los que procede el procedimiento preferente en su art. 233, con idéntico contenido que el art. 234 del RLOEX, salvo la aclaración sobre el riesgo de incomparecencia.

Fases del procedimiento preferente

Este procedimiento consta de las fases que se analizan a continuación.

A TENER EN CUENTA. En cuanto a las comunicaciones en este procedimiento cabe señalar —art. 237 del RLOEX y art. 236 del RD 1155/2024, de 19 de noviembre, en vigor a partir del 20/05/2025 — que la incoación del expediente, las medidas cautelares de detención y de internamiento y la resolución de expulsión serán comunicadas a la embajada o consulado del país de la persona extranjera, procediéndose a su anotación en el Registro Central de Personas extranjeras de la Dirección General de la Policía y de la Guardia Civil. Esta comunicación se dirigirá a Ministerio de Asuntos Exteriores, Unión Europea y Cooperación cuando no se haya podido notificar al consulado o este no radique en España.

|| Iniciación del procedimiento

Iniciado el expediente, se dará **traslado del acuerdo de iniciación** motivado por escrito al interesado para que en el **plazo de 48 horas** alegue lo que estime adecuado.

En este sentido, se le advertirá que, a falta de alegaciones, proposición de prueba o en caso de inadmisión de las pruebas propuestas, el mencionado acuerdo de iniciación será considerado como **propuesta de resolución** que se remitirá a la autoridad competente para resolver, si bien, este párrafo queda suprimido a partir del 20/05/2025 como consecuencia de la reforma operada por el RD 1155/2024, de 19 de noviembre.

En relación con la motivación del acuerdo de iniciación, la **sentencia del Tribunal Supremo n.° 60/2019, de 28 de enero, ECLI:ES:TS:2019:210,** citando la **sentencia del Tribunal Supremo n.º 1118/2018, de 2 de julio, ECLI:ES:TS:2018:2506**, señala:

> «(...) Por ello, en principio y objetivamente, **la falta de una indicación precisa y concreta de la elección del procedimiento preferente, concurriendo causa justificativa de su aplicación, constituye una irregularidad procedimental que no afecta a la validez de la resolución adoptada, sin perjuicio de que, no obstante, de manera subjetiva se invoque y acredite indefensión para el interesado**.
>
> En este sentido nos hemos pronunciado ya en sentencia de 2 de julio de 2018 (rec. 333/17), señalando que: "siendo procedente entonces en todo caso el procedimiento preferente, hemos de coincidir con el criterio sustentado por la Sala de apelación. Se trata, en efecto, el indicado **defecto de motivación de una irregularidad no invalidante que no produce indefensión**. Porque el recurrente ha podido defenderse y participar en todos los trámites dispuestos a su disposición en el marco de lo establecido para el procedimiento preferente, que era el de aplicación al caso, habida cuenta del riesgo de incomparecencia existente. Por otra parte, no es que faltara en realidad la requerida motivación, de acuerdo con los términos de la sentencia impugnada ahora en casación, sino que el quicio de la cuestión lo sitúa la Sala de apelación, más limitadamente, en que era insuficiente la que se esgrimía.
>
> Así las cosas, cumple concluir que no se resienten las garantías de los particulares en el ejercicio de los derechos de defensa, en supuestos como el de autos. Porque, al ser objetivos y reglados, y no más que tres los supuestos legales que permiten acudir al procedimiento preferente para la expulsión de las personas extranjeras que pudieran encontrarse incursos en situación irregular, cabe deducir los términos en que se sitúa la controversia en cada caso, en función de las circunstancias concurrentes, para determinar si, primero, ha lugar a la tramitación del indicado procedimiento y para apreciar, después, si resulta o no procedente acordar la medida de la expulsión.
>
> Ante la efectiva concurrencia de alguno de tales supuestos, pues, **la existencia de una insuficiente motivación en el acuerdo de iniciación del procedimiento carece de trascendencia (virtualidad) invalidante**"».

En definitiva, el defecto de motivación es una irregularidad no invalidante que no produce indefensión cuando el interesado haya podido defenderse y participar en todos los trámites previstos en relación con el procedimiento preferente que esté perfectamente identificado a pesar del vicio que concurre (**STSJ de Cataluña n.º 3206/2023, de 29 de septiembre, ECLI:ES:TSJCAT:2023:8958**).

La persona extranjera tendrá **derecho a la asistencia letrada**, que se le proporcionará de oficio, y a ser asistido por intérprete, si no comprende o no habla castellano, y de forma gratuita en el caso de que careciese de medios económicos.

‖ Alegaciones y prueba

Formuladas alegaciones y hecha proposición de prueba, el instructor valorará su **pertinencia o no. Inadmitidas las pruebas** por improcedentes o innecesarias, se notificará al interesado motivadamente y se le dará audiencia.

Estimada la pertinencia de realizar la prueba propuesta, la misma se llevará a cabo en el plazo máximo de tres días.

Practicada la prueba, el instructor formulará propuesta de resolución que se notificará al interesado y le dará trámite de audiencia concediéndole un plazo de 48 horas para alegaciones y presentación de los documentos pertinentes. Transcurrido el plazo, se elevará la **propuesta de resolución**, junto con el expediente administrativo, a la autoridad competente para resolver.

|| Medidas cautelares e internamiento

Conforme al artículo 63.2 de la LOEX, durante la tramitación del procedimiento y en la fase de ejecución de la expulsión recaída, podrán adoptarse medidas cautelares y el internamiento atendiendo a lo previsto en los apartados 5 y 6 del artículo 235 del RLOEX y, a partir del 20/05/2025, en los apartados 5 y 6 del artículo 234 del RD 1155/2024, de 19 de noviembre.

Así, en cuanto al internamiento, el instructor podrá solicitarlo al juez de instrucción competente a los efectos de que acuerde el ingreso de la persona extranjera expedientada en un centro de internamiento de personas extranjeras. La solicitud debe ser motivada.

¿Cuánto durará el internamiento? Se mantendrá por el tiempo imprescindible para los fines del expediente y no podrá exceder de 60 días. No obstante, la decisión judicial que lo autorice, atendiendo al caso, podrá establecer un período máximo de duración del internamiento inferior al citado.

No podrá acordarse un nuevo internamiento por cualquiera de las causas previstas en el mismo expediente.

Denegado el internamiento, el instructor podrá adoptar medidas cautelares, a los efectos de asegurar la eficacia de la resolución final. **¿Cuáles podrán ser estas medidas cautelares?**

– Retirada del pasaporte o documento acreditativo de su nacionalidad, previa entrega al interesado de recibo acreditativo de tal medida.

– Presentación periódica ante el instructor del expediente o ante otra autoridad que este determine en los días que, en atención a las circunstancias personales, familiares o sociales del expedientado, se considere aconsejable.

– Residencia obligatoria en lugar determinado.

– Cualquier otra medida cautelar que el juez estime adecuada y suficiente.

|| Resolución

La resolución del procedimiento se caracteriza por las notas siguientes:

– Se dictará de forma **inmediata**.

– Deberá ser **motivada**.

– **Resolverá todas las cuestiones planteadas en el expediente**.

– **No aceptará hechos distintos de los fijados en el procedimiento**, independientemente de su diferente valoración jurídica.

– Será **notificada al interesado**.

La **ejecución** de la orden de expulsión acordada, una vez notificada al interesado, se llevará a cabo de forma inmediata. A estos efectos, si no se ha puesto en libertad a la persona extranjera por la autoridad judicial en el referido plazo de 60 días, se interesará de la misma el cese del internamiento para poder efectuar la conducción al puesto de salida.

En las infracciones previstas en el artículo 53.1 a) y b) de la LOEX, cuando la persona extranjera acredite haber solicitado autorización de residencia temporal, el órgano que ha de tramitar la expulsión suspenderá la misma hasta la resolución de la solicitud, continuando el expediente en caso de denegación.

No obstante, conforme al artículo 236.3 del RLOEX, la excepción de la aplicación del régimen general de ejecutividad de los actos administrativos a la resolución que finalice el procedimiento preferente no excluye el derecho de recurso por los legitimados para ejercerlo, sin perjuicio de la inmediatez de la expulsión y de la improcedencia de declarar administrativamente efecto suspensivo alguno en contra de ella. Así, la resolución indicará los recursos que procedan, el órgano ante el que se han de presentar y el plazo para interponerlos.

> **A TENER EN CUENTA**. Lo previsto en el RD 557/2011, de 20 de abril, quedará derogado el 20/05/2025 por el nuevo RD 1155/2024, de 19 de noviembre, que hace referencia a la resolución en el procedimiento preferente y ejecutividad en su artículo 235 con idéntico contenido que la regulación anterior.

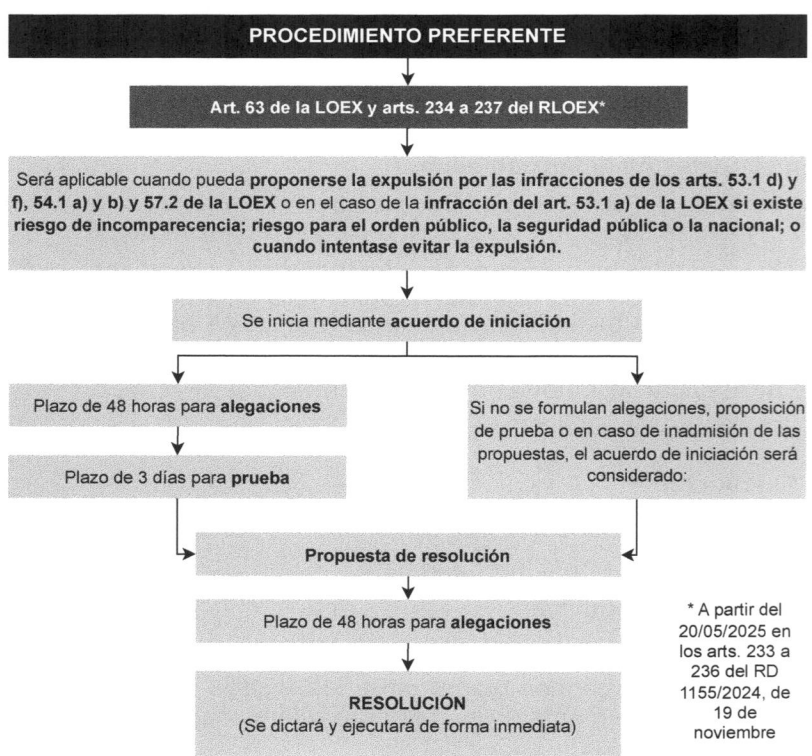

4.2. El procedimiento simplificado

Los casos en que procede acudir al procedimiento sancionador simplificado se contemplan en el **artículo 238 del RLOEX** (a partir del 20/05/2025, en el artículo 237 del nuevo Reglamento de Extranjería), es decir, serán aquellos en que los **hechos denunciados se califiquen como infracción leve** de alguno de los casos del artículo 52 de la LOEX. **¿Cuáles son estos?**

– La omisión o el retraso en la comunicación a las autoridades españolas de los cambios de nacionalidad, de estado civil o de domicilio, así como de otras circunstancias determinantes de su situación laboral cuando les sean exigibles por la normativa aplicable.

– El retraso, hasta tres meses, en la solicitud de renovación de las autorizaciones una vez hayan caducado.

– Encontrarse trabajando en España sin haber solicitado autorización administrativa para trabajar por cuenta propia, cuando se cuente con autorización de residencia temporal.

– Encontrarse trabajando en una ocupación, sector de actividad, o ámbito geográfico no contemplado por la autorización de residencia y trabajo de la que se es titular.

– La contratación de personas trabajadoras cuya autorización no les habilita para trabajar en esa ocupación o ámbito geográfico, incurriéndose en una infracción por cada una de las personas trabajadoras extranjeras ocupadas.

La nueva regulación del RD 1155/2024, de 19 de noviembre, excluye del procedimiento simplificado las tres últimas infracciones citadas —letras c), d) y e) del artículo 52 de la LOEX—, respecto de las cuales señala que, conforme al artículo 55.2 de la LOEX, se aplicará el procedimiento previsto en los artículos 253 y 254 del nuevo Reglamento de Extranjería.

Tanto el RLOEX como el RD 1155/2024, de 19 de noviembre, remiten, respecto de las infracciones citadas en el párrafo anterior, a lo previsto en el artículo 55.2 de la LOEX conforme al cual «(...) el procedimiento sancionador se iniciará por acta de la Inspección de Trabajo y Seguridad Social, de acuerdo con lo establecido en el procedimiento sancionador por infracciones del orden social, correspondiendo la imposición de las sanciones a las autoridades referidas en el párrafo anterior».

Fases del procedimiento sancionador simplificado en extranjería

Cabe hacer referencia a las siguientes fases:

|| Iniciación del procedimiento

El procedimiento se inicia **de oficio** por acuerdo dictado por alguno de los órganos competentes o **por denuncia** formulada por los agentes del Cuerpo Nacional de Policía. En este sentido **¿cuáles son los órganos competentes?** El artículo 238 del RLOEX (a partir del 20/05/2025, art. 237 del RD 1155/2024, de 19 de noviembre) remite al efecto al artículo 219.2 del mismo (art. 218.2 del nuevo Reglamento de Extranjería) en el que se hace referencia como órganos competentes:

- A los delegados del Gobierno en las comunidades autónomas uniprovinciales.
- A los subdelegados del Gobierno
- A los jefes de oficinas de extranjería.
- Al Comisario General de Extranjería y Fronteras.
- Al jefe superior de policía, a los comisarios provinciales y a las personas titulares de las comisarías locales y pasos transfronterizos.

> **A TENER EN CUENTA**. El procedimiento deberá resolverse en un **plazo máximo de dos meses** desde que se inició.

El **acuerdo de iniciación** deberá indicar el carácter simplificado del procedimiento, se comunicará al órgano instructor y simultáneamente se notificará a las personas interesadas. En el caso de iniciación por denuncia formulada por funcionarios del Cuerpo Nacional de Policía, existen las siguientes normas procedimentales específicas:

- Se extenderán las denuncias por **ejemplar duplicado**, uno para la persona denunciada y otro se remitirá al órgano competente para acordar la iniciación. Las denuncias se firmarán por el funcionario y por el denunciado, sin que ello suponga la conformidad de este último con los hechos de la denuncia, sino simplemente la recepción del ejemplar. En caso de que el denunciado no sepa o no quiera firmar, el funcionario lo hará constar.
- Las denuncias se notificarán en el acto a los denunciados, y se hará constar en ella que queda iniciado el expediente y que el denunciado dispone del plazo de 10 días para formular alegaciones y proponer pruebas.
- Recibida la denuncia en la dependencia policial de la Dirección General de la Policía, se procederá a la calificación de los hechos y graduación de la multa, se impulsará la tramitación o se propondrá la resolución que declare la inexistencia de la infracción en su caso.

‖ Alegaciones y prueba

En el **plazo de 10 días** desde la comunicación y notificación mencionadas, tanto el órgano instructor como los interesados, realizarán las actuaciones pertinentes, la aportación de alegaciones, documentos o informaciones convenientes y la proposición y práctica de la prueba.

Tras este plazo, el instructor realizará una **propuesta de resolución** en la que se fijarán de forma motivada:

- Los hechos que se consideren probados y su calificación jurídica.

- La determinación de la infracción y de la persona o personas responsables.
- La sanción que se propone.
- Las medidas provisionales que se hubieran adoptado.
- O bien, propondrá la declaración de inexistencia de infracción o responsabilidad.

Si el instructor considerase que los hechos son constitutivos de **infracciones graves o muy graves, acordará la continuación del expediente por los trámites del procedimiento ordinario,** notificándoselo a los interesados para que, en el plazo de 5 días, formulen alegaciones.

|| Resolución

Conforme al artículo 240 del RLOEX (20/05/2025, artículo 239 del RD 1155/2024, de 19 de noviembre) se resolverá el procedimiento en el plazo de tres días desde que se reciba el expediente, y se dictará resolución en la forma y con los efectos procedentes que para las resoluciones de sanción de multa se prevén en el procedimiento ordinario.

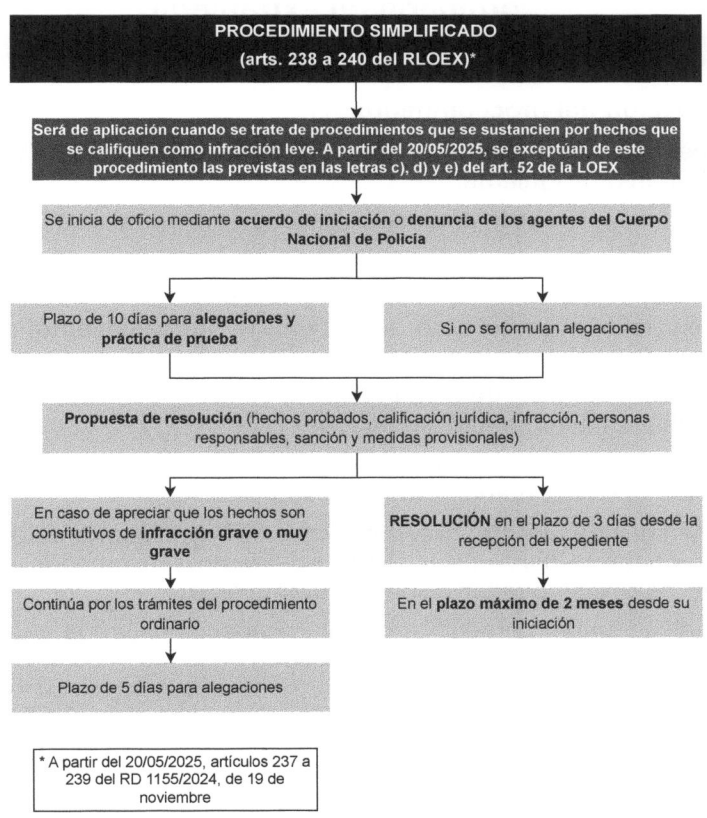

4.3. El procedimiento ordinario

El procedimiento ordinario, regulado en el artículo 63 bis de la LOEX y en los artículos 226 a 233 del RLOEX, se aplicará, con carácter general, para la **tramitación de todas las infracciones**, salvo las atribuidas a otro tipo de procedimiento, como los supuestos especificados en el artículo 234 del RLOEX que serán tramitados por el procedimiento preferente.

> **A TENER EN CUENTA**. Lo previsto en el RD 557/2011, de 20 de abril, quedará derogado el 20/05/2025 por el nuevo RD 1155/2024, de 19 de noviembre, que hace referencia al procedimiento ordinario en sus artículos 225 a 232, y en el art. 233 a los supuestos que serán tramitados por el procedimiento preferente.

En esta misma línea se pronuncia el artículo 63 bis, apartado 1, de la LOEX que declara la aplicación del procedimiento ordinario en aquellos casos en que se tramite la expulsión para supuestos distintos de los previstos para el procedimiento preferente en el artículo 63 de la LOEX.

Fases del procedimiento sancionador ordinario en extranjería

El procedimiento ordinario se sustanciará en las fases siguientes:

|| Iniciación del procedimiento

El procedimiento se inicia mediante el **acuerdo de iniciación** que tendrá el contenido mínimo siguiente:

- Identificación de la persona o personas presuntamente responsables.
- Hechos que motivan la incoación del procedimiento sucintamente expuestos, su posible calificación y las sanciones que pudieran corresponder.
- Instructor y, en su caso, secretario del procedimiento, con expresa indicación del régimen de recusación de estos.
- Órgano competente para la resolución del expediente y norma que le atribuye tal competencia.
- Indicación de la posibilidad de que el presunto responsable pueda reconocer voluntariamente su responsabilidad.
- Medidas de carácter provisional que se hayan acordado por el órgano competente para iniciar el procedimiento sancionador, sin perjuicio de las que se puedan adoptar durante este.
- Indicación del derecho a formular alegaciones y a la audiencia en el procedimiento y de los plazos para su ejercicio.

> **A TENER EN CUENTA**. Se exceptúa de lo anterior las infracciones graves previstas en el artículo 53.1 b) y 53.2 a) de la LOEX y las muy graves del artículo 54.1 d) y f) de la LOEX, en estos casos se estará a lo previsto en el artículo 55.2 de la LOEX.

Se comunicará el acuerdo al instructor con traslado de las actuaciones. Asimismo, se notificará aquel a los interesados con la advertencia de que, de no efectuar alegaciones sobre el contenido de la iniciación del procedimiento, no proponer pruebas o ser estas inadmitidas por improcedentes o innecesarias, el acuerdo de iniciación podrá considerarse propuesta de resolución en el caso de contener un pronunciamiento preciso acerca de la responsabilidad imputada.

En los procedimientos en los que se pueda proponer la sanción de expulsión de territorio español, la persona extranjera tendrá derecho a la asistencia letrada que se le proporcionará de oficio y a ser asistido por intérprete si no comprende o no habla castellano, de forma gratuita en el caso de que careciese de medios económicos.

A TENER EN CUENTA. Lo previsto en el RD 557/2011, de 20 de abril, quedará derogado el 20/05/2025 por el nuevo RD 1155/2024, de 19 de noviembre, que hace referencia a la iniciación del procedimiento en el artículo 226, si bien, el contenido no varía en la nueva regulación.

‖ Alegaciones

En el plazo de 15 días, los interesados podrán aportar las alegaciones, documentos o informaciones que estimen convenientes, así como, proponer las pruebas y concretar los medios de que pretendan valerse.

El instructor de oficio realizará las actuaciones necesarias para el examen de los hechos y recabará los datos e informaciones que sean relevantes para determinar la existencia de responsabilidades susceptibles de sanción.

Cuando de la instrucción del procedimiento resulte modificada la determinación inicial de los hechos, de su calificación, de las sanciones imponibles o de las responsabilidades susceptibles de sanción, se notificará todo ello al expedientado en la propuesta de resolución conforme a la Ley 39/2015, de 1 de octubre.

A TENER EN CUENTA. Lo previsto en el RD 557/2011, de 20 de abril, quedará derogado el 20/05/2025 por el nuevo RD 1155/2024, de 19 de noviembre, que hace referencia a las alegaciones en el artículo 227, si bien, el contenido no varía en la nueva regulación.

‖ Prueba

El órgano instructor podrá acordar la apertura de un período de prueba por un plazo no superior a 30 días ni inferior a 10 días. Podrá rechazarse motivadamente la práctica de aquellas pruebas que se consideren improcedentes.

La práctica de las pruebas pertinentes, esto es, aquellas distintas de los documentos que puedan aportar los interesados en cualquier momento de la tramitación del procedimiento, se llevará a cabo conforme al artículo 78 de la Ley 39/2015, de 1 de octubre, del Procedimiento Administrativo Común de las Administraciones Públicas (en adelante, LPAC).

En el caso de que la prueba consista en la emisión de un informe de un órgano administrativo o entidad pública y sea admitida a trámite, sus efectos serán los previstos en el artículo 80 de la LPAC.

CUESTIÓN

¿Cuándo se incluirá la valoración de las pruebas en la propuesta de resolución?

La valoración de las pruebas practicadas deberá incluirse en la propuesta de resolución cuando la misma pueda constituir el fundamento básico de la decisión que se adopte en el procedimiento por ser pieza imprescindible para la evaluación de los hechos.

El artículo 230 del RLOEX contempla la posible colaboración de otras Administraciones públicas en el procedimiento, recabando, a estos efectos, el instructor, la información necesaria para el ejercicio de sus competencias, incluyendo la petición de información al Registro Central de Penados.

A TENER EN CUENTA. Lo previsto en el RD 557/2011, de 20 de abril, quedará derogado el 20/05/2025 por el nuevo RD 1155/2024, de 19 de noviembre, que hace referencia a la prueba en el artículo 228, si bien, el contenido no varía en la nueva regulación, y en el artículo 229 se contempla la posible colaboración de otras Administraciones públicas en el procedimiento.

|| Propuesta de resolución

Concluida la fase de prueba, se formulará la propuesta de resolución en la que:

- Se fijarán motivadamente los hechos.
- Se especificarán los hechos probados y su exacta calificación jurídica.
- Se determinará la infracción que constituyan los hechos y la persona o personas responsables.
- Se valorarán de las pruebas practicadas, en especial aquellas que constituyan los fundamentos básicos de la decisión (**novedad introducida por el RD 1155/2024, de 19 de noviembre, en vigor a partir del 20/05/2025**).
- Se fijará la sanción que se propone y las medidas provisionales adoptadas.
- O bien, se propondrá la declaración de inexistencia de infracción o responsabilidad.

CUESTIÓN

¿Cómo se determinará la propuesta de sanción?

Se efectuará, en todo caso, atendiendo a criterios de proporcionalidad y tomando en consideración el grado de culpabilidad de la persona infractora, así como el daño o riesgo producido con la comisión de la infracción.

A TENER EN CUENTA. Lo previsto en el RD 557/2011, de 20 de abril, quedará derogado el 20/05/2025 por el nuevo RD 1155/2024, de 19 de noviembre, que hace referencia a la propuesta de resolución en el artículo 230, con la novedad destacada anteriormente.

|| Audiencia

Se notificará a los interesados la propuesta de resolución, acompañando una relación de los documentos que obren en el procedimiento para que los interesados puedan obtener las copias de los que estimen convenientes. Se les concederá un plazo de 15 días para formular alegaciones y presentar los documentos e informaciones que estimen pertinentes ante el instructor.

Salvo en el caso previsto en el artículo 227.2, párrafo final, del RLOEX, es posible prescindir del trámite de audiencia cuando no figuren en el procedimiento ni sean tenidos en cuenta otros hechos ni otras alegaciones y pruebas que las aducidas por el interesado, **previsión que ya no se contempla en el RD 1155/2024, de 19 de noviembre, en vigor a partir de 20/05/2025**.

La propuesta de resolución se cursará inmediatamente al órgano competente para resolver el procedimiento, junto a todos los documentos, alegaciones e informaciones que obren en aquel.

A TENER EN CUENTA. Lo previsto en el RD 557/2011, de 20 de abril, quedará derogado el 20/05/2025 por el nuevo RD 1155/2024, de 19 de noviembre, que hace referencia a la audiencia en el artículo 231, donde se elimina la posibilidad del prescindir del trámite de audiencia.

|| Resolución

Con carácter previo a la resolución, el órgano competente para resolver podrá acordar motivadamente la **realización de actuaciones complementarias** indispensables para resolver. En este sentido cabe destacar:

– El acuerdo de realización de las actuaciones complementarias se notificará a los interesados y se les concederá un plazo de 7 días para alegaciones.

– Las actuaciones se practicarán en un plazo no superior a 15 días.

– Quedará en suspenso el plazo para resolver el procedimiento hasta la terminación de las mismas.

– No se considerarán actuaciones complementarias los informes que preceden inmediatamente a la resolución final del procedimiento.

En cuanto a la resolución, se caracteriza por las notas siguientes:

– Será motivada.

– Decidirá todas las cuestiones planteadas por los interesados y otras derivadas del procedimiento.

– Se adoptará en el plazo de 10 días desde la recepción de la propuesta de resolución y los documentos, alegaciones e informaciones del procedimiento.

– Se notificará al interesado y en caso de que el procedimiento sea consecuencia de orden superior se dará traslado de la resolución al órgano administrativo autor de la misma.

CUESTIONES

1. ¿Es posible modificar los aspectos y hechos previstos en la propuesta de resolución?

No, en la resolución no se podrán aceptar hechos diferentes de los fijados en la fase de instrucción del procedimiento, salvo aquellos que resulten de las actuaciones complementarias, ello independientemente de su diferente valoración jurídica. No obstante, cuando el órgano competente para resolver considere que la infracción reviste mayor gravedad que la determinada en la propuesta de resolución, se notificará al interesado para que aporte las alegaciones convenientes en un plazo de 15 días (art. 233.3 del RLOEX).

2. ¿Cuál será el contenido de la resolución?

La resolución del procedimiento sancionador contendrá:

- La decisión, los recursos que procedan contra ella, el órgano ante el que hayan de presentarse y el plazo para interponerlos.

- La valoración de las pruebas practicadas y, especialmente, de las que sean fundamento básico de la decisión.

- Asimismo, fijará los hechos y, en su caso, la persona o personas responsables, la infracción o infracciones cometidas y la sanción o sanciones que se imponen o bien la declaración de inexistencia de infracción o responsabilidad.

3. ¿Cómo se determinará la sanción?

Se determinará en base a criterios de proporcionalidad, tomando en consideración el grado de culpabilidad de la persona infractora, así como el daño o riesgo producido con la comisión de la infracción.

¿Qué sucede en el caso de que la resolución del procedimiento ordinario adopte la expulsión? En estos casos, conforme al artículo 63 bis de la LOEX, la resolución incluirá un plazo de cumplimiento voluntario para que el interesado abandone el territorio nacional. Este plazo será de entre 7 y 30 días y se contará desde el momento de la notificación de la resolución. Cabe la posibilidad de prorrogar el citado plazo durante un tiempo prudencial atendiendo a las circunstancias del caso concreto, como, la duración de la estancia, estar a cargo de niños escolarizados o la existencia de otros vínculos familiares y sociales.

En la fase de tramitación del procedimiento y durante el plazo de cumplimiento voluntario, podrá adoptarse alguna o algunas de las medidas cautelares establecidas en el artículo 61 de la LOEX, excepto la de internamiento.

A TENER EN CUENTA. Lo previsto en el RD 557/2011, de 20 de abril, quedará derogado el 20/05/2025 por el nuevo RD 1155/2024, de 19 de noviembre, que hace referencia a la resolución del procedimiento ordinario en el artículo 232.

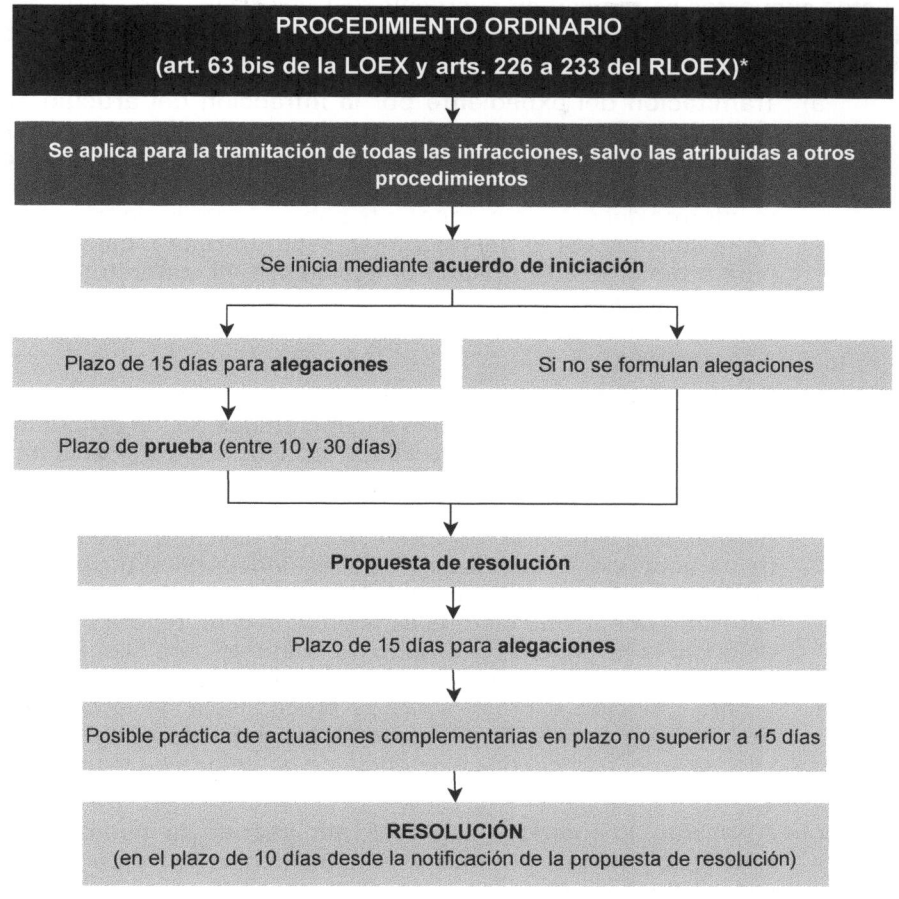

PROCEDIMIENTO ORDINARIO
(art. 63 bis de la LOEX y arts. 226 a 233 del RLOEX)*

Se aplica para la tramitación de todas las infracciones, salvo las atribuidas a otros procedimientos

Se inicia mediante **acuerdo de iniciación**

Plazo de 15 días para **alegaciones**

Si no se formulan alegaciones

Plazo de **prueba** (entre 10 y 30 días)

Propuesta de resolución

Plazo de 15 días para **alegaciones**

Posible práctica de actuaciones complementarias en plazo no superior a 15 días

RESOLUCIÓN
(en el plazo de 10 días desde la notificación de la propuesta de resolución)

* Lo previsto en el RLOEX, quedará derogado el 20/05/2025 por el nuevo RD 1155/2024, de 19 de noviembre que hace referencia al procedimiento ordinario en sus artículos 225 a 232.

4.4. Concurrencia de procedimientos

Normas aplicables en caso de concurrencia de procedimientos sancionadores de extranjería

A TENER EN CUENTA. A partir del 20/05/2025, la concurrencia de procedimientos se contempla en el artículo 240 del RD 1155/2024, de 19 de noviembre, de forma idéntica al RLOEX.

Estos supuestos se regulan en el artículo 241 del RLOEX (art. 240 del RD 1155/2024, de 19 de noviembre, a partir del 20/05/2025) del que se infieren los siguientes casos:

a) **Tramitación del expediente por la infracción del artículo 53.1 a) de la LOEX conforme al procedimiento preferente y solicitud anterior de una autorización de residencia temporal por circunstancias excepcionales**: en estos casos, el instructor recabará informe del órgano competente sobre el estado de tramitación de la solicitud. Si la persona interesada no reúne los requisitos para obtener la autorización de residencia, el instructor decidirá la continuación del expediente de expulsión ajustándose a los trámites del procedimiento ordinario. De lo contrario, procederá a su archivo.

b) **En el marco de un procedimiento relativo a autorizaciones de residencia por circunstancias excepcionales de los artículos 31 bis, 59, 59 bis o 68.3 de la LOEX, consta contra el solicitante una medida de expulsión no ejecutada por concurrencia de una infracción del artículo 53.1 a) y b) de la LOEX**: la medida de expulsión será revocada siempre que de la solicitud resulte procedente conceder la autorización de residencia. Si el órgano competente para resolver sobre la solicitud de autorización no fuese el mismo que el que dictó la sanción a revocar, tendrá que instar de oficio la revocación al órgano competente para ello. El escrito que inste la revocación indicará el tipo de autorización solicitada y hará mención expresa sobre la procedencia de la concesión de la misma por el cumplimiento de los requisitos exigibles para ello, salvo el relativo a la existencia de la medida de expulsión no ejecutada.

c) Asimismo, lo anterior se aplicará, aun cuando se inadmita a trámite la solicitud de autorización de residencia por circunstancias excepcionales distintas a las previstas en los mencionados preceptos, en el caso de que el **análisis inicial de la solicitud concluyese en la existencia de indicios claros de la procedencia de concesión de la autorización.**

5.
RECURSOS DERIVADOS DEL PROCEDIMIENTO SANCIONADOR EN EXTRANJERÍA

¿Qué se entiende por recurso administrativo?

En atención a lo recogido en el Diccionario del español jurídico de la RAE y el CGPJ, el **recurso administrativo** se puede entender como aquella «impugnación de los actos y normas administrativas ante la propia administración autora de las mismas».

De los recursos se ocupa el capítulo II del título V («De la revisión de los actos en vía administrativa») de la Ley 39/2015, de 1 de octubre, del Procedimiento Administrativo Común de las Administraciones Públicas (LPAC):

- Los artículos 112 a 120 de la LPAC se refieren a los «**Principios generales**» sobre los mismos.
- Los artículos 121 y 122 de la LPAC versan sobre el «**Recurso de alzada**».
- Los artículos 123 y 124 de la LPAC tratan el «**Recurso potestativo de reposición**».
- Los artículos 125 y 126 de la LPAC regulan el «**Recurso extraordinario de revisión**».

Como bien resume la sentencia del Juzgado de lo Contencioso Administrativo n.º 1 de Zamora, n.º 25/2018, de 25 de enero, ECLI:ES:JCA:2018:8428:

> «En todo caso, de la lectura de la LPACAP se deduce la existencia de tres tipos de recursos administrativos:
> El recurso de alzada ante el órgano superior jerárquico de aquel que dictó el acto, contra los actos y resoluciones que no pongan fin a la vía administrativa (arts. 121 y 122 LPACAP).
> El recurso potestativo de reposición (arts. 123 y 124 LPACAP) de carácter previo y alternativo al recurso contencioso, admisible contra aquellos actos que pongan fin a la vía administrativa e interpuesto ante el mismo órgano que los dictó.
> El recurso extraordinario de revisión (arts. 113, 125 y 126 LPACAP) que cabe contra actos firmes en vía administrativa en base a alguna de las circunstancias excepcionales señaladas en la ley».

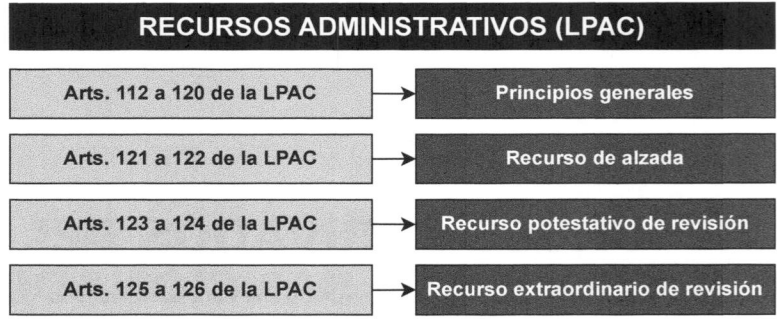

5.1. Recursos administrativos

El recurso de alzada en el ámbito administrativo

El recurso de alzada es un recurso jerárquico que **sirve para agotar la vía administrativa** respecto de aquellos actos y resoluciones que por sí no la agoten, constituyendo un presupuesto necesario o condición para poder interponer el recurso contencioso-administrativo. Su **finalidad** es el sometimiento a la superior jerarquía administrativa de las cuestiones que ya habían sido discutidas en grados inferiores, constituyendo la terminación de la vía administrativa como trámite previo a la jurisdicción, siendo obligación de ese órgano superior dictar una resolución sobre el fondo de la cuestión que ha sido sometida a su conocimiento, a no ser que existiera un motivo de tipo formal que impidiera esa decisión (**sentencia del Tribunal Superior de Justicia de Murcia n.º 10/2000, de 8 de enero, ECLI:ES:TSJMU:2000:3**).

Los artículos 121 y 122 de la LPAC regulan el recurso de alzada, siendo el **objeto** del mismo las resoluciones y actos a que se refiere el apdo. 1 del art. 112 de la LPAC, es decir, «(...) las resoluciones y los actos de trámite, si estos últimos deciden directa o indirectamente el fondo del asunto, determinan la imposibilidad de continuar el procedimiento, producen indefensión o perjuicio irreparable a derechos e intereses legítimos (...)», **cuando no pongan fin a la vía administrativa**. Estas resoluciones y actos **podrán ser recurridos en alzada ante el órgano superior jerárquico del que los dictó**. A estos efectos, los tribunales y órganos de selección del personal al servicio de las Administraciones públicas y cualesquiera otros que, en el seno de estas, actúen con autonomía funcional, se considerarán dependientes del órgano al que estén adscritos o, en su defecto, del que haya nombrado al presidente de los mismos.

En los apartados 2 y 3 del mencionado artículo 112, se establecen unos supuestos de **excepción** a las reglas generales del recurso de referencia:

«2. Las leyes podrán sustituir el recurso de alzada, en supuestos o ámbitos sectoriales determinados, y cuando la especificidad de la materia así lo justifique, por otros procedimientos de impugnación, reclamación, conciliación, mediación y arbitraje, ante órganos colegiados o Comisiones específicas no sometidas a instrucciones jerárquicas, con respeto a los principios, garantías y plazos que la presente Ley reconoce a las personas y a los interesados en todo procedimiento administrativo.

(...)

3. Contra las disposiciones administrativas de carácter general no cabrá recurso en vía administrativa».

CUESTIONES

1. Las resoluciones y actos de trámite que decidan directa o indirectamente el fondo del asunto que se refieren en el artículo 112.1 de la LPAC, ¿ante que órgano podrán ser recurridos en alzada?

Cuando no pongan fin a la vía administrativa podrán ser recurridos en alzada ante el órgano superior jerárquico que los dictó. A estos efectos, los tribunales y órganos de selección del personal al servicio de las Administraciones públicas y cualesquiera otros que, en el seno de estas, actúen con autonomía funcional, se considerarán dependientes del órgano al que estén adscritos o, en su defecto, del que haya nombrado al presidente de los mismos (art. 121.1 de la LPAC).

2. ¿Ante qué órgano interpondremos un recurso de alzada?

De acuerdo con el ya mencionado artículo 121.2 de la LPAC, el recurso de alzada se interpondrá ante el órgano que dictó el acto que se impugna o ante el competente para resolverlo.

3. En caso de interponer el recurso de alzada ante el órgano que dictase la resolución impugnada, ¿cómo procederá dicho órgano?

Este órgano deberá remitir el recurso al órgano competente en el plazo de 10 días, con su informe y con una copia completa y ordenada del expediente y será responsable del cumplimiento el titular del órgano que dictó el acto recurrido (art. 121.2 de la LPAC).

Todo ello en relación con el artículo 25.1 de la LJCA que dispone que «El recurso contencioso-administrativo es admisible en relación con las disposiciones de carácter general y con los actos expresos y presuntos de la Administración pública que pongan fin a la vía administrativa, ya sean definitivos o de trámite, si estos últimos deciden directa o indirectamente el fondo del asunto, determinan la imposibilidad de continuar el procedimiento, producen indefensión o perjuicio irreparable a derechos o intereses legítimos».

En consecuencia, la falta de agotamiento de la vía administrativa previa constituye causa de inadmisibilidad del recurso contencioso-administrativo. Al respecto, ha declarado nuestro Alto Tribunal, en **sentencia, rec. 2496/1998, de 20 de marzo 2002, ECLI:ES:TS:2002:2036**, que:

«(...) El agotamiento de la vía administrativa es un requisito subjetivo y no objetivo, es decir, una persona puede haberla agotado y otra no, y la que no lo ha hecho no puede aprovecharse indebidamente de la diligencia ajena».

En la misma línea, la **jurisprudencia del Alto Tribunal** ha venido manteniendo de forma unánime, en **sentencias como la STS, rec. 1454/2001, de 3 de junio de 2006, ECLI:ES:TS:2006:4827, STS, rec. 11619/1998, de**

19 de febrero de 2004, ECLI:ES:TS:2004:1097, o STS, rec. 7698/1995, de 20 de junio de 2003, ECLI:ES:TS:2003:4311, que la no interposición de recurso de alzada hace que el acto inicialmente impugnado no agote la vía administrativa lo que determina la inadmisibilidad del recurso contencioso-administrativo.

La anterior solución no supone, en modo alguno, la vulneración del derecho a la tutela judicial efectiva reconocida en el artículo 24 de la CE pues, como tiene declarado el Tribunal Constitucional, la tutela judicial no comprende la obtención de una decisión conforme a las pretensiones que se formulan, sino el derecho a que se dicte una resolución conforme al ordenamiento jurídico, siempre que se cumplan los requisitos procesales para ello. Como ejemplo de lo anterior señalar la **STC n.º 114/2008, de 29 de septiembre, ECLI:ES:TC:2008:114**, que establece:

> «Es jurisprudencia reiterada de este Tribunal que "el derecho a la tutela judicial efectiva comprende el de obtener una resolución fundada en Derecho sobre el fondo de las cuestiones planteadas, sea o no favorable a las pretensiones formuladas, si concurren todos los requisitos para ello. De ahí que sea también respetuosa con este derecho fundamental una resolución judicial de inadmisión o de desestimación por algún motivo formal, cuando concurra alguna causa de inadmisibilidad y así lo acuerde el juez o tribunal en aplicación razonada de la misma (SSTC 71/2002, de 8 de abril, FJ 1; 59/2003, de 24 de marzo, FJ 2; 114/2004, de 12 de julio, FJ 3; 79/2005, de 4 de abril, FJ 2; 221/2005 entre otras muchas)" (STC 33/2008, de 25 de febrero, FJ 2) (...)».

Además, según lo dispuesto en el art. 114 de la LPAC, **ponen fin a la vía administrativa** y, en consecuencia, **no pueden ser recurridas en alzada**:

- Las resoluciones de los recursos de alzada.
- Las resoluciones de los procedimientos a que se refiere el apartado 2 del art. 112 de la LPAC.
- Las resoluciones de los órganos administrativos que carezcan de superior jerárquico, salvo que una ley establezca lo contrario.
- Los acuerdos, pactos, convenios o contratos que tengan la consideración de finalizadores del procedimiento.
- La resolución administrativa de los procedimientos de responsabilidad patrimonial, cualquiera que fuese el tipo de relación, pública o privada, de que derive.
- La resolución de los procedimientos complementarios en materia sancionadora a los que se refiere el apartado 4 del art. 90 de la LPAC.
- Las demás resoluciones de órganos administrativos cuando una disposición legal o reglamentaria así lo establezca.

|| Los plazos en el recurso de alzada

| ¿Cuál es el plazo para interponer el recurso de alzada?

De acuerdo con el artículo 122 de la LPAC, el plazo para la interposición del recurso de alzada **será de un mes, si el acto fuera expreso**. Transcurrido dicho plazo sin haberse interpuesto el recurso, la resolución será firme a todos los efectos. Sin embargo, **si el acto no fuera expreso**, el solicitante y otros posibles interesados **podrán interponer recurso de alzada en cualquier momento a partir del día siguiente a aquel en que, de acuerdo con su normativa específica, se produzcan los efectos del silencio administrativo.**

CUESTIÓN

¿Qué ocurre si no se interpone recurso de alzada contra un acto expreso en los plazos establecidos en el artículo 122 de la LPAC?

La resolución será firme a todos los efectos, de acuerdo con el artículo 122.1 de la LPAC.

¿Cuál es el plazo para dictar y notificar la resolución del recurso de alzada?

El **plazo máximo para dictar y notificar la resolución será de tres meses.** Transcurrido este plazo sin que recaiga resolución, se podrá entender desestimado el recurso (silencio administrativo desestimatorio), salvo en el caso previsto en el párrafo tercero del art. 24.1 de la LPAC, que estipula los siguientes supuestos:

«El sentido del silencio también será desestimatorio en los procedimientos de impugnación de actos y disposiciones y en los de revisión de oficio iniciados a solicitud de los interesados. **No obstante, cuando el recurso de alzada se haya interpuesto contra la desestimación por silencio administrativo de una solicitud por el transcurso del plazo, se entenderá estimado el mismo si, llegado el plazo de resolución, el órgano administrativo competente no dictase y notificase resolución expresa, siempre que no se refiera a las materias enumeradas en el párrafo anterior de este apartado».**

Resolución del recurso de alzada

Contra la resolución de un recurso de alzada no cabrá ningún otro recurso administrativo, salvo el recurso extraordinario de revisión, en los casos establecidos en el apdo. 1 del art. 125 de la LPAC.

A TENER EN CUENTA. La interposición de alzada no suspenderá la ejecución del acto impugnado, excepto en los casos en que una disposición establezca lo contrario, tal y como dispone el art. 117 de la LPAC.

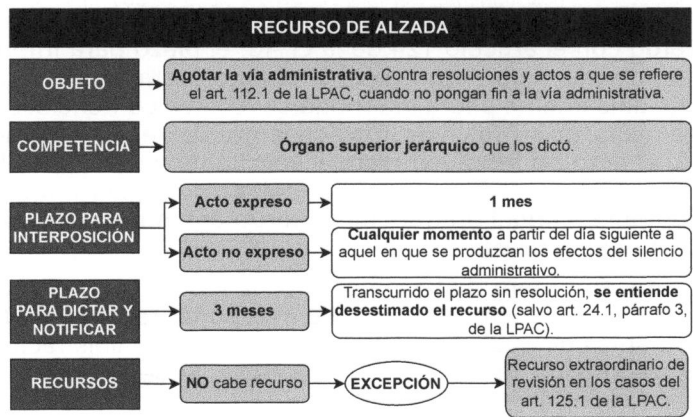

71

El recurso potestativo de reposición en el ámbito administrativo

La **finalidad** perseguida por el recurso potestativo de reposición es permitir a la Administración la reconsideración de sus criterios en vía administrativa.

En este sentido, el artículo 123 de la LPAC versa como sigue:

«1. Los actos administrativos que pongan fin a la vía administrativa podrán ser recurridos potestativamente en reposición ante el mismo órgano que los hubiera dictado o ser impugnados directamente ante el orden jurisdiccional contencioso-administrativo.

2. No se podrá interponer recurso contencioso-administrativo hasta que sea resuelto expresamente o se haya producido la desestimación presunta del recurso de reposición interpuesto».

CUESTIONES

1. ¿Ante que órgano se podrán recurrir los actos que pongan fin a la vía administrativa potestativamente en reposición?

De acuerdo con el artículo 123.1 de la LPAC, ante el mismo órgano que los hubiera dictado.

2. En caso de interponer recurso de reposición contra un acto que ponga fin a la vía administrativa, ¿cuándo se presentaría, en su caso, el recurso contencioso-administrativo?

En caso de que se haya interpuesto recurso de reposición, **no se podrá interponer recurso contencioso-administrativo hasta que sea resuelto expresamente o se haya producido la desestimación presunta del recurso de reposición interpuesto** (artículo 123.2 de la LPAC).

JURISPRUDENCIA

STS n.º 1064/2019, de 12 de julio, ECLI:ES:TS:2019:2496

«(...) debemos declarar que puede interponerse un recurso contencioso-administrativo contra un acto administrativo, estando pendiente de resolución el recurso potestativo de reposición interpuesto contra el mismo de forma extemporánea y del que el interesado había desistido previamente, aunque no se haya esperado a la resolución sobre el desistimiento, siempre dentro del plazo de dos meses».

De acuerdo con el artículo 124 de la LPAC, el **plazo para interponer** el recurso de reposición **será de un mes, si el acto fuera expreso.** Transcurrido dicho plazo, únicamente podrá interponerse recurso contencioso-administrativo, sin perjuicio, en su caso, de la procedencia del recurso extraordinario de revisión. **Si el acto no fuera expreso,** el solicitante y otros posibles interesados podrán interponer recurso de reposición **en cualquier momento a partir del día siguiente a aquel en que, de acuerdo con su normativa específica, se produzca el acto presunto.**

El plazo máximo para dictar y notificar la resolución del recurso de **reposición será de un mes.** No se puede interponer recurso contencioso-administrativo antes de que transcurra el mes que la Administración tiene para resolver la reposición (art. 123.2 de la LPAC). Si se interpone antes, será extemporáneo «por defecto».

CUESTIONES

1. ¿Qué plazo tendremos para interponer recurso de reposición contra un acto no expreso en caso de ser el solicitante u otros posibles interesados?

En cualquier momento a partir del día siguiente a aquel en que, de acuerdo con su normativa específica, se produzca el acto presunto.

2. En caso de que el acto fuera expreso, ¿qué ocurrirá en caso de que transcurra el plazo de un mes para interponer el recurso de reposición?

Únicamente podrá interponer recurso contencioso-administrativo, sin perjuicio, en su caso, de la procedencia del recurso extraordinario de revisión.

Finalmente, contra la resolución de un recurso de reposición no podrá interponerse de nuevo dicho recurso.

CUESTIONES

1. Mediante resolución de la Delegación del Gobierno, de fecha 29/03/2017, se acuerda la expulsión del territorio nacional de «A», con la consiguiente prohibición de entrada en España por un periodo de 3 años, a contar desde la fecha en que se lleve a efecto, por infracción del artículo 53.1 de la LOEX.

Con posterioridad, la misma Delegación del Gobierno, mediante resolución de fecha 04/07/2017, resuelve inadmitir por extemporáneo el recurso de reposición interpuesto por «A» contra la anterior resolución de fecha 29/03/2017 de la misma autoridad.

De lo actuado en el expediente resulta que la resolución de 29/03/2017 se notificó el 17/04/2017 a «A», quien recibió la notificación, firmando la entrega y señalando nombre y número de pasaporte, presentándose el recurso de reposición en fecha de 29/05/2017.

¿Es correcta la resolución de fecha de 4 de julio de 2017 de la Delegación del Gobierno que resuelve inadmitir por extemporáneo el recurso de reposición?

Sí, es correcta dado que, siendo válida la notificación practicada el 17 de abril, el recurso de reposición de fecha 29 de mayo no se interpuso dentro del plazo de un mes legalmente previsto, por lo que su desestimación por extemporaneidad es conforme a derecho. El recurso se presentó fuera del plazo de un mes que establece el artículo 124 de la LPAC para la presentación del recurso de reposición, si el acto fuera expreso, por lo que el mismo sería extemporáneo y, en consecuencia, la resolución sancionadora de fecha de 29/03/2017 deviene firme, es decir, se había convertido en un acto consentido al no haber sido recurrida dentro del preclusivo plazo legalmente establecido.

En relación al cómputo de los plazos, ha de estarse a lo previsto en el artículo 30.4 de la LPAC, según el cual: «Si el plazo se fija en meses o años, estos se computarán a partir del día siguiente a aquel en que tenga lugar la notificación o publicación del acto de que se trate, o desde el siguiente a aquel en que se produzca la estimación o desestimación por silencio administrativo».

2. Se concede a una comunidad de propietarios una ayuda total a la actuación rehabilitadora del edificio sito en A Coruña por importe de 37.433,80 euros, destinada a la rehabilitación edificatoria. Posteriormente, en fecha de 27/12/2017 se dictó orden de la directora general de Ordenación del Territorio, por delegación del consejero de Presidencia y Fomento, de pago de la subvención por importe de 7.433,77 euros.

El 02/01/2018 se notifica la orden de 27/12/2017 al representante de la comunidad.

¿Podrá interponer la comunidad de propietarios algún recurso contra la orden de fecha 27/12/2017? En caso afirmativo, ¿en qué plazo?

Según lo dispuesto en los arts. 123 y 124 de la LPAC, la comunidad de propietarios podrá interponer recurso potestativo de reposición ante el órgano que la dictó en el plazo de un mes o impugnarla directamente ante el orden jurisdiccional contencioso-administrativo. Transcurrido dicho plazo, únicamente podrá interponerse recurso contencioso-administrativo, sin perjuicio, en su caso, de la procedencia del recurso extraordinario de revisión.

Además, el plazo máximo para dictar y notificar la resolución del recurso será de un mes, y contra la resolución de un recurso de reposición no podrá interponerse de nuevo dicho recurso.

3. ¿Contra la resolución de un recurso de alzada cabe interponer recurso potestativo de reposición?

No, pues, de acuerdo con el artículo 122.3 de la LPAC, contra la resolución de un recurso de alzada no cabrá ningún otro recuso administrativo. Por su parte, el artículo 123.1 del mismo cuerpo legal señala que «Los actos administrativos que pongan fin a la vía administrativa podrán ser recurridos potestativamente en reposición (...)», por lo que la interpretación concordada de tales preceptos conduce a afirmar que contra la resolución de un recurso de alzada **no cabe interponer el recurso potestativo de reposición**.

El recurso extraordinario de revisión en el ámbito administrativo

Podemos definir el recurso extraordinario de revisión como un «recurso administrativo interpuesto contra los actos firmes de la Administración cuando aparezcan nuevos documentos de valor esencial, cuando hayan sido declarados falsos documentos o testimonios decisivos en el procedimiento por sentencia judicial firme, o cuando en virtud de esta se declare que el acto o resolución son consecuencia de una conducta punible». (Diccionario del español jurídico de la RAE).

|| Objeto del recurso extraordinario de revisión

Los actos objeto de impugnación mediante el recurso de revisión son los actos firmes en vía administrativa (artículo 125 de la LPAC); esto es, aquellos que no sean susceptibles de recurso ordinario alguno en vía administrativa, bien porque el acto la hubiese agotado o porque hubiera devenido firme al no haberse interpuesto los recursos admisibles.

Señala la **sentencia del Tribunal Superior de Justicia de Castilla y León n.º 1013/2018, de 14 de noviembre, ECLI:ES:TSJCL:2018:4257,** que es sobradamente conocida la jurisprudencia que indica que «el recurso de revisión es un recurso extraordinario, y que los supuestos en los que es procedente deben ser interpretados restrictivamente por la necesidad de congeniar el principio de justicia material y el de seguridad jurídica». Son inabarcables las resoluciones que recogen esta misma idea. Baste, como ejemplo, lo recogido en términos parecidos en la **STS n.º 513/2020, de 19 de mayo, ECLI:ES:TS:2020:1031:**

> «(...) el recurso de revisión es, por su propia naturaleza, un recurso extraordinario y sometido a condiciones de interpretación estrictas, que significa una derogación del principio preclusivo de la cosa juzgada derivado de la exigencia de seguridad jurídica, que, en los específicos supuestos determinados en la ley como causas de revisión, debe ceder frente al imperativo de la Justicia, configurada en el artículo 1.1 de la Constitución Española como uno de los valores superiores que propugna el Estado Social y Democrático de derecho en que se constituye España (SSTC, entre otras muchas, 124/1984 y 150/1993). El recurso de revisión está concebido para remediar errores sobre los presupuestos fácticos de la infracción y, desde luego, no puede promoverse como consecuencia únicamente de un error iuris (...)».

Asimismo, la **sentencia de la Audiencia Nacional, rec. 227/2016, de 27 de noviembre de 2017, ECLI:ES:AN:2017:5063,** señala que el recurso administrativo de revisión **es extraordinario en un doble sentido,** pues se interpone contra actos firmes en vía administrativa y solo procede cuando concurren motivos tasados. De ahí que no pueda convertirse en un cauce para recurrir un acto por cualesquiera argumentaciones y motivos, ya que desnaturalizarían su carácter extraordinario.

Por lo tanto, el carácter de recurso extraordinario le viene dado porque ha de circunscribirse, en cuanto a su fundamento, a los casos o motivos taxativamente señalados en la LPAC; es decir, el recurso de revisión debe tener un exacto encaje en alguno de los concretos casos en que se autoriza su interposición, con proscripción de cualquier tipo de interpretación extensiva o analógica de los mismos, que no permite una nueva consideración de la litis que no tenga como soporte alguno de dichos motivos. Es por ello que el recurso de revisión no permite su transformación en una nueva instancia, ni ser utilizado para corregir los defectos formales o de fondo que puedan alegar.

|| Causas del recurso extraordinario de revisión

A tenor de lo dispuesto en el artículo 125 de la LPAC, **contra los actos firmes en vía administrativa podrá interponerse el recurso extraordinario de revisión ante el órgano administrativo que los dictó,** que también será el competente para su resolución, **cuando concurra alguna de las circunstancias siguientes:**

- Que al dictarlos se hubiera incurrido en error de hecho, que resulte de los propios documentos incorporados al expediente.

- Que aparezcan documentos de valor esencial para la resolución del asunto que, aunque sean posteriores, evidencien el error de la resolución recurrida.

- Que en la resolución hayan influido esencialmente documentos o testimonios declarados falsos por sentencia judicial firme, anterior o posterior a aquella resolución.

- Que la resolución se hubiese dictado como consecuencia de prevaricación, cohecho, violencia, maquinación fraudulenta u otra conducta punible y se haya declarado así en virtud de sentencia judicial firme.

| Que al dictarlos se hubiera incurrido en error de hecho, que resulte de los propios documentos incorporados al expediente

El error de hecho es aquel que se refiere a circunstancias fácticas que aparecen como evidentes, manifiestas e indiscutibles y que, por ello, no pueden ser objeto de valoración, es decir, «(...) aquellos que versan sobre un hecho, cosa o suceso, esto es, sobre una realidad independiente de toda opinión, criterio particular o calificación, estando excluido de su ámbito todo aquello que se refiere a cuestiones jurídicas, apreciación de la trascendencia o alcance de los hechos indubitados, acción de las pruebas, interpretación de disposiciones legales y calificaciones que puedan establecerse, sin que sea lícito aplicar la técnica del error de hecho a cuestiones que de ofrecer algún posible error sería de derecho, incluso aunque estos hipotéticos errores jurídicos sean manifiestos y patentes». **(Sentencia del Tribunal Supremo, rec. 2164/2007, de 8 de abril de 2009, ECLI:ES:TS:2009:2237).**

En consecuencia, podemos decir que el error de hecho y el error de derecho son categorías diferentes, tal y como explica la **sentencia del Tribunal Supremo, rec. 5048/2011, de 9 de octubre de 2012, ECLI:ES:TS:2012:6523,** en los siguientes términos:

> «El error de hecho y el error de derecho son categorías diferentes.
> Hay error de hecho en una resolución administrativa cuando el órgano administrativo que la dictó apoya su decisión en hechos inexistentes o no pondera otros que son reales y relevantes para lo que había de resolverse (...).

Hay error de derecho cuando no hay controversia sobre los hechos materiales que tuvo en consideración el órgano administrativo y, sin discutirse esa realidad fáctica o material, la polémica que pretende suscitarse está referida a la calificación formal que en un plano normativo haya sido dada a los hechos o a las consecuencias jurídicas que se hayan hecho derivar de esos mismos hechos».

Por consiguiente, continúa exponiendo **el Tribunal Superior de Justicia** de Galicia en su sentencia n.º 464/2019, de 30 de septiembre, ECLI:ES:TSJGAL:2019:5336:

«Debemos colegir que la diferencia entre ambas categorías de error está en el elemento de discusión entre la Administración y el administrado en relación con un acto administrativo; así, no hay error de hecho cuando los hechos materiales, presupuestos fácticos y circunstancias concurrentes en el dictado del acto son indiscutidas, surgiendo la discrepancia en la valoración de las mismas y en su calificación jurídica, supuesto en que se declara la existencia de un error de derecho.

De este modo, cuando el objeto de discusión se centra en vicios jurídicos, no tienen su cauce en el recurso extraordinario de revisión sino en los medios ordinarios de impugnación (...)».

Por lo demás, nos recuerda **la sentencia del Tribunal Superior de Justicia de Asturias n.º 151/2020, de 28 de febrero, ECLI:ES:TSJAS:2020:127,** lo siguiente:

«Ese error de hecho tiene que versar, según la jurisprudencia, sobre una circunstancia puramente fáctica que hubiere dado lugar a la nulidad de la resolución, debiendo poseer el error las notas de ser evidente, indiscutible y manifiesto, es decir, ha de ser patente y claro, y resultar sin necesidad de acudir a interpretaciones de las normas jurídicas aplicables, ni de sustituir el criterio jurídico resolutorio del órgano que ha adoptado la decisión en que se entienda cometido el error, ya que no existe error material cuando su apreciación implique un juicio valorativo o exija una operación de calificación jurídica».

Que aparezcan documentos de valor esencial para la resolución del asunto que, aunque sean posteriores, evidencien el error de la resolución recurrida

Los términos literales con que se expresa el precepto ponen de manifiesto la necesidad de que concurran tres requisitos:

1. Que se invoque la aparición de documentos de los que, por tanto, antes no se disponía. No importa que sean de fecha anterior. Lo relevante es que no se hubiera tenido acceso a ellos y que, por tanto, no pudieron ser aportados oportunamente, lo que nos obliga a hacer algunas precisiones:

– En primer lugar, se requiere que los documentos no consten ya en el expediente administrativo. Si así fuera, lo procedente sería alegar la primera de las causas del artículo 125 de la LPAC, siempre y cuando de ellos resultase que la Administración al dictar el acto incurrió en el error de hecho.

– Tampoco se consideran de nueva aparición aquellos que el recurrente pudiera haber obtenido empleando algo de diligencia. La finalidad del recurso extraordinario de revisión no es subsanar la negligencia o dejación de la parte que incumplió sus cargas procedimentales. (**Sentencias del Tribunal Supremo, rec. 108/1996, de 18 de febrero de 2002, ECLI:ES:TS:2002:1097, y, rec. 7405/1999, de 26 de octubre de 2005, ECLI:ES:TS:2005:6510**). El descuido o la distracción del recurrente no puede ser salvado más tarde a su voluntad, acudiendo al concepto de «aparición de documentos», como nos dice **la sentencia del Tribunal Supremo, rec. 5409/1999, de 19 de febrero de 2003, ECLI:ES:TS:2003:1080**.

– Es indiferente que la aparición de nuevos documentos (siempre que el recurso se interponga dentro del plazo de los tres meses a partir del momento en que hayan venido a conocimiento del interesado), se deba a su hallazgo casual o a la gestión personal del interesado, siempre y cuando no hubiese sido posible su aportación en el momento procedimental oportuno pese su diligente actuación. «(...) "Cuando la aportación en tiempo no ha resultado posible por la inactividad del organismo oficial capacitado para expedir la certificación que puede evidenciar el error de apreciación en la resolución que se trata de revisar, cabe acudir al procedimiento extraordinario de revisión". (Sentencia del Tribunal Supremo, rec. 7585/1996, de 16 de enero de 2002, ECLI:ES:TS:2002:150)» tal como señala el TSJ de Navarra en **la sentencia n.º 135/2023, de 17 de mayo, ECLI:ES:TSJNA:2023:312**.

2. Que se trate de documentos de valor esencial para la resolución. Es necesario que el recurrente argumente que la resolución final se hubiera dictado con un sentido diametralmente opuesto. De ahí que el Tribunal Supremo considere improsperable la petición de revisión fundada en documentos cuyo contenido no hubiese podido influir de modo decisivo en la resolución adoptada. (**Sentencias del Tribunal Supremo, rec. 7585/1996, de 16 de enero de 2002, ECLI:ES:TS:2002:150, y rec. 9187/2004, de 9 de mayo de 2007, ECLI:ES:TS:2007:3528**):

> «(...) la doctrina de esta Sala ha venido considerando improsperable la petición de revisión que pretenda fundarse en documentos cuyo contenido no hubiese podido influir de modo decisivo en la resolución adoptada, o que hubiesen podido ser aportados por los interesados en el curso del procedimiento ya fenecido, puesto que no constituye la finalidad del remedio extraordinario de revisión el subsanar la falta de diligencia o el incumplimiento de las cargas procesales que se han de imputar a la parte interesada (sentencias de 6 de julio de 1998 y 11 de noviembre de 1999). En cambio, ha de considerarse indiferente la circunstancia del ejercicio de la acción revisoria con base en los nuevos documentos (siempre dentro del plazo de los cuatro meses a partir del momento en que hayan venido a conocimiento del interesado) que se funde en su hallazgo casual o en la obtención a través de la gestión personal de dicho interesado, siempre y cuando no hubiese sido posible su aportación en el momento procesal oportuno pese su diligente actuación».

Tampoco se consideran de valor esencial los documentos que ya fueron tenidos en cuenta por la Administración al dictar la resolución, con independencia de su constancia escrita en el expediente administrativo (**Sentencia del Tribunal Supremo, rec. 2574/2004, de 20 de mayo de 2008, ECLI:ES:TS:2008:2378**).

3. Que evidencien el error de la resolución recurrida. El precepto no indica si este error ha de ser de hecho o de derecho. La **STS, rec. 4741/2000, de 14 de diciembre de 2006, ECLI:ES:TS:2006:8351**, sostiene que no pueden entenderse comprendidos como fundamento del recurso extraordinario de revisión los casos en que los documentos presentados muestren que se ha cometido un error o un eventual error de derecho, y no de hecho. Y lo mismo mantiene la **SAN, rec. 315/2009, de 26 de enero de 2011, ECLI:ES:AN:2011:590**. Sin embargo, en contra se expresa la STS, **rec. 1914/2000, de 13 de febrero de 2006, ECLI:ES:TS:2006:912**, con un sólido argumento:

> «(...) No es difícil concluir que el error contemplado en el artículo 118.1.2.ª puede ser también de derecho. En primer lugar, porque la norma no lo excluye, se limita a hablar de "error" simplemente. Y esto es importante a la hora de interpretar ese término porque en la cláusula 1.ª de este mismo precepto la ley habla de "error de hecho". En efecto, autoriza la revisión de actos firmes cuando "al dictarlos se hubiera incurrido en error de hecho que resulte de los propios documentos incorporados al expediente". Parece claro que, de pretender la ley limitar, también, al error de hecho la circunstancia prevista en la cláusula 2.ª de este artículo 118.1 lo habría dicho así. Que haya optado por expresarse de forma distinta, quiere decir que aquí considera algo diferente; no solo el error de hecho, sino también el error de derecho (...)».

A TENER EN CUENTA. La sentencia se refiere al art. 118.1 de la Ley 30/1992, de 26 de noviembre, (actualmente derogada), pero la interpretación es plenamente extensible al art. 125 de la LPAC.

Entre los documentos inidóneos para evidenciar el error, se encuentran las sentencias y resoluciones administrativas que interpretan el ordenamiento jurídico aplicado de forma distinta a la resolución impugnada **sentencia** de la Audiencia Nacional, rec. 227/2016, de 27 de noviembre de 2017, ECLI:ES:AN:2017:5063:

> «De esta regulación legal resulta que el recurso administrativo de revisión es extraordinario en un doble sentido, pues se interpone contra actos firmes en vía administrativa y solo procede cuando concurren motivos tasados. De ahí que no pueda convertirse en un cauce para recurrir un acto por cualesquiera argumentaciones y motivos, pues ello desnaturalizaría su carácter extraordinario, de suerte que es una vía especial para impugnar actos firmes en vía administrativa.
>
> Pues bien, la recurrente justifica el citado recurso extraordinario de revisión afirmando que, con posterioridad a la fecha en que le había sido notificada la resolución que le denegaba la homologación solicitada, tuvo

conocimiento de resoluciones administrativas que otorgaban la homologación a la Licenciatura de Derecho a personas que habían realizado estudios idénticos o similares a los suyos. Y entendía que esas resoluciones administrativas podían calificarse como documento esencial que permitían evidenciar la incorrección de la resolución firme que le había sido desfavorable en cuanto que le había denegado la homologación a la Licenciatura en Derecho.

Existe una consolidada jurisprudencia del Tribunal Supremo que ha dado respuesta negativa a la cuestión de si las sentencias y resoluciones administrativas que interpretan el ordenamiento jurídico aplicado de forma distinta por la resolución cuya revisión se pretende por la recurrente pueden ser incluidas entre los "documentos de valor esencial para la resolución del asunto que, aunque sean posteriores, evidencien el error de la resolución recurrida" a que se refiere la causa 2.ª del artículo 118.1 de la Ley 30/1992 para sustentar los recursos extraordinarios de revisión. De ella son exponentes, entre otras, las sentencias de la Sala de lo Contencioso-Administrativo del Tribunal Supremo de 28 de mayo de 2001 (recurso de casación 1157/1997); 24 de junio de 2008 (recurso de casación núm. 3681/2005) y 17 de junio de 2009 (recurso de casación núm. 4846/2007), entre otras.

En la sentencia de 28 de mayo de 2001, recuerda el Tribunal Supremo que:

' Esta Sala del Tribunal Supremo ya declaró en su Sentencia de 10 de mayo de 1999 (recurso de casación 664/1995, fundamento jurídico séptimo) que esgrimir como documento nuevo una sentencia firme que puso fin a otro proceso, a fin de justificar la interposición de un recurso extraordinario de revisión (artículo 118.1.2ª de la indicada Ley), supone desnaturalizar el presupuesto legitimador de dicho recurso, ya que éste no tiene como finalidad extender la eficacia de la cosa juzgada más allá de lo que dispone el artículo 86 de la Ley Jurisdiccional de 1956 (72.2 de la vigente de 1998). Se intenta, ahora, que la eficacia de una sentencia firme, anulatoria de concretos y determinados actos de la Administración, se extienda a otro acto de la propia Administración en virtud de la consideración de dicha sentencia firme como un documento nuevo demostrativo del error en que incurrió la Administración al resolver, pero, como hemos dicho, tal sentencia podrá contener una solución diferente de la adoptada por la Administración, pero no puede considerarse como un documento que evidencie el error de hecho en que incurrió la resolución administrativa, impugnada ante la propia Administración por el inadecuado cauce del recurso extraordinario de revisión, lo que abunda en la improsperabilidad de los tres motivos de casación aducidos'.

En igual sentido, esta misma Sección - Sección 6ª de la Audiencia Nacional- en la sentencia dictada en fecha 20 de junio de 2008, rec. nº 440/2006, hemos señalado que:

'...una Resolución dictada por un órgano administrativo o una sentencia de un órgano jurisdiccional no pueden considerarse como documento nuevo, a efectos de fundar un recurso extraordinario de revisión, porque:

1) las sentencias de los tribunales dictadas con posterioridad no afectan a los actos administrativos devenidos firmes.

2) Los documentos que pueden fundar un recurso extraordinario de revisión han de ser los relativos a elementos fácticos, mientras que las sentencias hacen referencia a interpretaciones jurídicas'».

Que en la resolución hayan influido esencialmente documentos o testimonios declarados falsos por sentencia judicial firme, anterior o posterior a aquella resolución

Esta causa recoge de nuevo la existencia de una resolución supuestamente errónea o injusta. Sin embargo, a diferencia de los dos supuestos anteriores, la razón del error o de la injusticia se encuentra en la influencia decisiva que han tenido determinados documentos o testimonios que han sido declarados falsos por sentencia judicial contra la que no cabe ya recurso. Resulta indiferente si la declaración de falsedad fue anterior o posterior a la resolución impugnada.

Que la resolución se hubiese dictado como consecuencia de prevaricación, cohecho, violencia, maquinación fraudulenta u otra conducta punible y se haya declarado así en virtud de sentencia judicial firme

En este caso, lo relevante es que la resolución impugnada haya tenido como causa la comisión de los delitos que se especifican en el artículo 125.1.d) de la LPAC y que, por supuesto, así se haya declarado por una sentencia judicial firme.

Como se ve, no se requiere que se haya producido error alguno en la resolución que se recurre, aunque se encuentre implícito en la comisión de determinados delitos, como el de prevaricación al ser «la injusticia de la resolución» uno de los elementos del tipo, pero no lo es en otros casos como sucede en el cohecho, en donde tal injusticia no se precisa.

|| Plazos del recurso extraordinario de revisión

A tenor de lo dispuesto en el artículo 125, apartados 2 y 3, de la LPAC, el recurso que nos ocupa se interpondrá en los siguientes plazos:

- Cuando se trate de la **causa a) del apartado 1** —que al dictarlos se hubiera incurrido en error de hecho, que resulte de los propios documentos incorporados al expediente—, **dentro del plazo de cuatro años siguientes a la fecha de la notificación de la resolución impugnada.**

- En los **demás casos, el plazo será de tres meses a contar desde el conocimiento de los documentos o desde que la sentencia judicial quedó firme.**

> **A TENER EN CUENTA**. El art. 125.3 de la LPAC establece que «Lo establecido en el presente artículo no perjudica el derecho de los interesados a formular la solicitud y la instancia a que se refieren los artículos 106 y 109.2 de la presente Ley ni su derecho a que las mismas se sustancien y resuelvan».

El órgano competente para la resolución del recurso podrá acordar motivadamente la inadmisión a trámite del recurso, sin necesidad de recabar dictamen del Consejo de Estado u órgano consultivo de la comunidad autónoma, cuando el mismo no se funde en alguna de las causas previstas en el artículo 125.1 de la LPAC o en el supuesto de que se hubiesen desestimado en cuanto al fondo otros recursos sustancialmente iguales. Dicho órgano al que corresponde conocer del recurso extraordinario de revisión debe pronunciarse no solo sobre la procedencia del recurso, sino también, en su caso, sobre el fondo de la cuestión resuelta por el acto recurrido.

Para concluir, transcurrido el plazo de tres meses desde la interposición del recurso extraordinario de revisión sin haberse dictado y notificado la resolución, se entenderá desestimado, quedando expedita la vía jurisdiccional contencioso-administrativa.

CUESTIONES

1. Mediante resolución de 25 de agosto de 2019, se resuelve con carácter definitivo el proceso de adjudicación de puestos vacantes para el curso escolar 2019/2020. Con posterioridad, «A» interpone recurso extraordinario de revisión contra la misma, en base a las previsiones contenidas en el artículo 125.1. a) de la LPAC. ¿Es correcta la interposición por «A» de un recurso extraordinario de revisión contra la resolución del 25 de agosto de 2019? En caso afirmativo, ¿en qué plazo se interpondría?

Sí, ya que según el art. 125 de LPAC, podrá interponerse contra los actos firmes en vía administrativa recurso extraordinario de revisión ante el órgano administrativo que los dictó, que también los resolverá. Eso sí, cuando concurran determinadas circunstancias tasadas, como las alegadas en el recurso del enunciado, es decir, «a) que al dictarlos se hubiera incurrido en error de hecho, que resulte de los propios documentos incorporados al expediente», se interpondrá dentro del plazo de los cuatro años siguientes a la fecha de la resolución impugnada.

En los demás casos, es decir, «b) Que aparezcan documentos de valor esencial para la resolución del asunto que, aunque sean posteriores, evidencien el error de la resolución recurrida. c) Que en la resolución hayan influido esencialmente documentos o testimonios declarados falsos por sentencia judicial firme, anterior o posterior a aquella resolución. d) Que la resolución se hubiese dictado como consecuencia de prevaricación, cohecho, violencia, maquinación fraudulenta u otra conducta punible y se haya declarado así en virtud de sentencia judicial firme», el plazo será de tres meses a contar desde el conocimiento de los documentos o desde que la sentencia judicial quedó firme.

2. ¿Qué entenderemos de los términos «valor esencial para la resolución del asunto» y «evidencien el error de la resolución recurrida» a que se refiere el artículo 125.1.b) de la LPAC?

Según la *doctrina jurisprudencial* plasmada, entre otras, en la *sentencia del Tribunal Supremo n.º 513/2020, de 19 de mayo, ECLI:ES:TS:2020:1031*:

«(...) Estos términos apuntan a la idea de que los documentos susceptibles de incluirse en la repetida causa 2.ª, aunque sean posteriores, han de ser unos que pongan de relieve, que hagan aflorar, la realidad de una situación que ya era la existente al tiempo de dictarse esa resolución, o que ya era la que hubiera debido considerarse como tal en ese momento; y, además, que tengan valor esencial para resolver el asunto por tenerlo para dicha resolución la situación que ponen de relieve o que hacen aflorar. Son documentos que, por ello, han de poner de relieve un error en el

presupuesto que tomó en consideración o del que partió aquella resolución. En este sentido, sí es posible que sentencias judiciales que hagan aflorar la realidad de tales situaciones lleguen a ser incluidas entre los documentos a que se refiere la causa. Pero lo que no cabe incluir son sentencias que meramente interpretan el ordenamiento jurídico aplicado por esa resolución de modo distinto a como ella lo hizo. Ni tan siquiera aunque se trate de sentencias dictadas en litigios idénticos o que guarden entre sí íntima conexión —doctrina reiterada por la STS de 17 de junio de 2009 (Rec. 4846/2007)—».

3. Para la revisión de documentos decisivos, no aportados por causa de fuerza mayor ¿qué circunstancias deben concurrir?

De acuerdo con la doctrina del Tribunal Supremo (*STS n.º 1820/2016, de 18 de julio, ECLI:ES:TS:2016:3850*, entre otras), las circunstancias que deben concurrir son las siguientes:

«a) Que los documentos hayan sido "recobrados" con posterioridad al momento en que haya precluido la posibilidad de aportarlos al proceso.

b) Que tales documentos sean "anteriores" a la data de la sentencia firme objeto de la revisión, habiendo estado "retenidos" por fuerza mayor o por obra o acto de la parte favorecida con la resolución firme.

c) Que se trate de documentos "decisivos" para resolver la controversia, en el sentido de que, mediante una provisional apreciación, pueda inferirse que, de haber sido presentados en el litigio, la decisión recaída tendría un sesgo diferente (por lo que el motivo no puede prosperar y es inoperante si el fallo cuestionado no habría de variar aun estando unidos aquellos documentos a los autos —juicio ponderativo que debe realizar, prima facie, el tribunal al decidir sobre la procedencia de la revisión entablada—)».

4. ¿Cuándo podremos interponer recurso extraordinario de revisión contra actos firmes en vía administrativa en cuya resolución hayan influido esencialmente documentos o testimonios declarados falsos?

Cuando sean declarados falsos por sentencia judicial firme, anterior o posterior a aquella resolución.

5. ¿Quién será competente para resolver el recurso extraordinario de revisión?

De acuerdo con el artículo 125.1 de la LPAC, el órgano administrativo que dictó los actos firmes en vía administrativa.

6. ¿Cuándo se podrá interponer el recurso extraordinario de revisión en un plazo de cuatro años siguientes a la fecha de la notificación de la resolución impugnada?

Cuando al dictarlos se hubiera incurrido en error de hecho, que resulte de los propios documentos incorporados al expediente.

7. ¿Sobre qué debe pronunciarse el órgano al que corresponda conocer del recurso extraordinario de revisión?

De acuerdo con el artículo 126.2 de la LPAC, debe pronunciarse no solo sobre la procedencia del recurso, sino también, en su caso, sobre el fondo de la cuestión resuelta por acto recurrido.

8. ¿Cuándo se podrá entender desestimado el recurso extraordinario de revisión?

Cuando haya transcurrido el plazo de tres meses desde la interposición del mismo sin que se haya dictado y notificado la resolución (art. 126.3 de la LPAC).

5.2. Recurso contencioso-administrativo

El recurso contencioso-administrativo **no es un recurso en vía administrativa, sino que es un recurso judicial.** Los diferentes aspectos del mismo se recogen en la Ley 29/1998, de 13 de julio, reguladora de la Jurisdicción Contencioso-administrativa (LJCA) y los sintetizamos a continuación.

¿Contra qué resoluciones cabe el recurso contencioso-administrativo?

Se admitirá el recurso contencioso-administrativo en relación con (art. 25 de la LJCA):

- Las disposiciones de carácter general y los actos que se produzcan en aplicación de estas.
- Los actos expresos y presuntos que pongan fin a la vía administrativa ya sean definitivos de trámite, si estos últimos:
  - Deciden directa o indirectamente sobre el fondo del asunto.
  - Determinan la imposibilidad de continuar el procedimiento.
  - Producen indefensión o perjuicio irreparable a derechos e intereses legítimos.

– La inactividad de la Administración y sus actuaciones materiales que constituyan vía de hecho.

CUESTIÓN

En caso de vía de hecho, ¿cómo habrá de procederse?

Conforme al artículo 30 de la LJCA, en los casos que constituyan vía de hecho podrá el interesado requerir a la Administración para que cese en su actuación. Cuando esta intimación no se haya formulado o no se haya atendido en el plazo de 10 días siguientes al requerimiento, entonces, podrá deducirse directamente recurso contencioso-administrativo.

Asimismo, no será admisible el recurso contencioso-administrativo respecto de los actos que reproduzcan otros anteriores definitivos y firmes y los que confirmen actos consentidos por no haber sido recurridos en tiempo y forma (art. 28 de la LJCA).

¿Quién estará legitimado para interponer el recurso contencioso-administrativo?

La legitimación para actuar ante el orden jurisdiccional contencioso-administrativo corresponde a las personas, entidades y Administraciones contempladas en el artículo 19 de la LJCA. No obstante, no podrán interponer recurso contencioso-administrativo contra la actividad de una Administración pública conforme al artículo 20 de la LJCA:

– Los órganos de la Administración pública actuante y los miembros de sus órganos colegiados, salvo autorización legal expresa.

– Los particulares que obren por delegación o como meros agentes o mandatarios de la Administración pública.

– Las entidades de derecho público dependientes o vinculadas al Estado, las comunidades autónomas o las entidades locales, en relación con la actividad de la Administración de la que dependan. Quedan exceptuados aquellos a los que la ley les dote de un estatuto específico de autonomía respecto de dicha Administración.

A TENER EN CUENTA. El artículo 19 de la LJCA ha sido modificado por la Ley 4/2023, de 28 de febrero, para la igualdad real y efectiva de las personas trans y para la garantía de los derechos de las personas LGTBI, con entrada en vigor el 2 de marzo de 2023, añadiendo una nueva letra j) al apartado 1. Además, este artículo ha sido modificado por la LO 1/2025, de 2 de enero, para introducir una nueva letra k), con entrada en vigor el 3 de abril de 2025.

Además del recurrente que interpone el recurso, en el mismo también cabe hablar de la parte demandada en los términos que establece el artículo 21 de la LJCA conforme al cual:

«1. Se considera parte demandada:

a) Las Administraciones públicas o cualesquiera de los órganos mencionados en el artículo 1.3 contra cuya actividad se dirija el recurso.

b) Las personas o entidades cuyos derechos o intereses legítimos pudieran quedar afectados por la estimación de las pretensiones del demandante.

c) Las aseguradoras de las Administraciones públicas, que siempre serán parte codemandada junto con la Administración a quien aseguren.

2. A efectos de lo dispuesto en el párrafo a) del apartado anterior, cuando se trate de Organismos o Corporaciones públicos sujetos a fiscalización de una Administración territorial, se entiende por Administración demandada:

a) El Organismo o Corporación autores del acto o disposición fiscalizados, si el resultado de la fiscalización es aprobatorio.

b) La que ejerza la fiscalización, si mediante ella no se aprueba íntegramente el acto o disposición.

3. En los recursos contra las decisiones adoptadas por los órganos administrativos a los que corresponde resolver los recursos especiales y las reclamaciones en materia de contratación a que se refiere la legislación de Contratos del Sector Público los citados órganos no tendrán la consideración de parte demandada, siéndolo las personas o Administraciones favorecidas por el acto objeto del recurso, o que se personen en tal concepto, conforme a lo dispuesto en el artículo 49.

4. Si el demandante fundara sus pretensiones en la ilegalidad de una disposición general, se considerará también parte demandada a la Administración autora de la misma, aunque no proceda de ella la actuación recurrida».

Aspectos procedimentales del recurso contencioso-administrativo

El recurso se ha de presentar ante el juzgado de lo contencioso administrativo y el mismo **se ajustará, en materia de extranjería a los trámites del procedimiento abreviado** —artículo 78 de la LJCA—, por lo que se iniciará mediante demanda acompañada de los documentos en que el actor funde su derecho y los previstos en el artículo 45.2 de la LJCA.

Asimismo, el artículo 78 de la LJCA contempla el procedimiento abreviado en relación con el recurso contencioso-administrativo el cual se aplicará en determinados casos que enumera en su apartado primero, entre ellos destaca por lo que aquí interesa los asuntos relativos a extranjería.

A TENER EN CUENTA. El artículo 45.2 de la LJCA ha sido modificado por la LO 1/2025, de 2 de enero, de medidas en materia de eficiencia del Servicio Público de Justicia, con entrada en vigor el 3 de abril de 2025, añadiendo una nueva letra e), como también se modifican los apartados 3, 4, 18, 20 y 22 del artículo 78 de la LJCA, con misma entrada en vigor.

CUESTIÓN

¿En qué plazo se podrá interponer el recurso contencioso-administrativo?

Para resolver esta cuestión cabe hacer referencia a lo previsto con carácter general en el artículo 46 de la LJCA, de modo que el plazo para interponer el recurso va a depender del tipo de actuación que se impugne:

– Disposiciones: 2 meses desde su publicación.

– Acto expreso que ponga fin a la vía administrativa: 2 meses desde su notificación o publicación.

– Acto presunto que ponga fin a la vía administrativa: 6 meses desde el día siguiente en que se produzca.

– Actuación en vía de hecho: 10 días desde el día siguiente a la finalización del plazo previsto en el artículo 30 de la LJCA en cuanto al requerimiento. En defecto de este, el plazo será de 20 días desde el inicio de la actuación administrativa en vía de hecho.

Fuera de los casos anteriores, añade el artículo 46 de la LJCA otras reglas para determinar y contar los plazos en casos concretos (recurso potestativo de reposición, recurso de lesividad, litigios entre Administraciones).

En relación con el plazo para la interposición del recurso y su cómputo, es interesante en materia de extranjería traer a colación lo previsto en la disposición adicional quinta del RLOEX, concretamente en su apartado primero, que establece:

«Cuando no se hubiese podido practicar la notificación de las resoluciones en los procedimientos regulados en el presente Reglamento, la notificación se hará por medio de anuncio en el Tablón Edictal de Resoluciones de Extranjería. Transcurrido el periodo de veinte días naturales desde que la notificación se hubiese publicado en el Tablón Edictal de Resoluciones de Extranjería se entenderá que ésta ha sido practicada, dándose por cumplido dicho trámite y continuándose con el procedimiento, o iniciándose, en su caso, el plazo para interponer el recurso que proceda».

A TENER EN CUENTA. Lo previsto en el RD 557/2011, de 20 de abril, quedará derogado el 20/05/2025 por el nuevo RD 1155/2024, de 19 de noviembre, donde ya no se hace referencia al Tablón Edictal de Resoluciones de Extranjería.

A título de ejemplo, la **sentencia del Tribunal Superior de Justicia de Cataluña n.º 2436/2022, de 22 de junio, ECLI:ES:TSJCAT:2022:5209,** contempla un supuesto en que, habiéndose hecho la notificación por vía edictal en los términos señalados, la interposición extemporánea del recurso determina su inadmisibilidad. Así señala:

«Aunque la parte recurrente insiste en que deben agotarse las posibilidades de notificación con investigación del domicilio o residencia de esa parte resulta acreditado y nada se muestra de contrario que el recurrente no facilitó otro domicilio distinto al consignado en el expediente y se negó a facilitar nueva dirección ni quiera el de la letrada que le asistió.

Y siendo ello así constan los intentos de notificación por dos veces en el domicilio facilitado que tampoco se cuestionan por lo que una vez producida la notificación edictal con efectos a 19 de febrero de 2016 la interposición del recurso acaeció a 4 de mayo de 2020.

(...)

Y en su consecuencia resulta intachable la inadmisibilidad estimada por interposición extemporánea y el presente recurso de apelación debe desestimarse».

RESOLUCIÓN RELEVANTE

Sentencia del Tribunal Superior de Justicia de Madrid n.º 844/2021, de 21 de octubre, ECLI:ES:TSJM:2021:10907

«La doctrina del Tribunal Constitucional y del Tribunal Supremo en materia de notificaciones ha venido a declarar que la eficacia de las mismas se encuentra estrechamente ligada a las circunstancias concretas del caso, de manera que lo esencial es que el interesado llegue a conocer el acto o resolución administrativa, o que no lo hubiera conocido por su negligencia o mala fe. También declara que es deber de la Administración actuar con la diligencia y buena fe que le resultan exigibles haciendo lo posible para practicar la notificación en forma personal antes de proceder a la notificación edictal.

Sin embargo, según esa misma doctrina, es carga del obligado a recibir la notificación la de realizar todas las actuaciones necesarias para procurar su recepción, tanto comunicando su domicilio como los cambios en el mismo; por ello, la falta de comunicación del domicilio o, en su caso, el cambio no notificado no producen efectos frente a la Administración, desplaza sobre el administrado las consecuencias perjudiciales de dicho incumplimiento y determina que la notificación edictal practicada en tales circunstancias no lesione el artículo 24 de la Constitución Española, pues no cabe que el interesado obstruya la actuación administrativa o que eluda el deber de colaboración con la Administración en la recepción de los actos de comunicación que aquella le dirija.

Todo lo anterior nos lleva a confirmar íntegramente, por sus propios y acertados fundamentos, la sentencia de fecha 22 de enero de 2021 (...) por la que se inadmitió el recurso formulado (...) contra la resolución de fecha 20 de septiembre de 2012 por la que impuso al mismo una sanción de expulsión de territorio nacional con la consiguiente prohibición de entrada por un período de cinco años, como consecuencia de la comisión de una infracción del art. 53.1.a) de la Ley Orgánica 4/2000 de 11 de enero, sobre derechos y libertades de las personas extranjeras en España y su integración social, resolución que, por ser ajustada a derecho, en todas sus partes confirmamos».

Ajustada la **tramitación del recurso contencioso-administrativo** al procedimiento abreviado podemos sintetizarla de la siguiente manera:

– Inicio mediante demanda que el letrado de la Administración de Justicia admitirá una vez apreciada la jurisdicción y competencia objetiva del tribunal, en caso contrario, le dará cuenta a este para que resuelva.

– Admitida la demanda, el LAJ dará traslado de la misma al demandado, citará a las partes a una vista y requerirá a la Administración demandada para que remita el expediente administrativo con 15 días de antelación a aquella.

– Si el actor solicita que se falle el recurso sin recibimiento a prueba ni vista, el LAJ trasladará la demanda a las partes demandadas para que la contesten en un plazo de 20 días, si bien estas dentro de los 10 primeros días del mismo podrán pedir que se celebre la vista en cuyo caso el LAJ citará a las partes al efecto. En caso contrario, declarará el pleito concluso sin más trámite.

– Recibido el expediente administrativo, el LAJ lo remitirá al actor y a los interesados personados para alegaciones en la vista.

– Comparecidas las partes el juez declarará abierta la vista. **¿Qué sucede si no comparece alguna de las partes?**

  • No comparece ninguna o solo comparece el demandado: se tendrá al actor por desistido del recurso y se le condenará en costas.

- • Solo comparece el actor: continuará la vista.
- – Se celebrará la vista con exposición del demandante en primer lugar, acto seguido podrá formular alegaciones el demandado, resolviendo el juez lo que proceda al respecto. Acordada la continuación del juicio, se dará palabra a las partes para fijar los hechos fundamento de sus pretensiones con posibilidad de proposición y práctica, en su caso, de prueba.
- – Si hay conformidad, no se practica prueba ni las partes formulan conclusiones el juez, si ninguna parte se opone, dictará sentencia sin más dilación.
- – En otro caso, practicada la prueba y formuladas las conclusiones se dictará sentencia en el plazo de 10 días desde la vista.

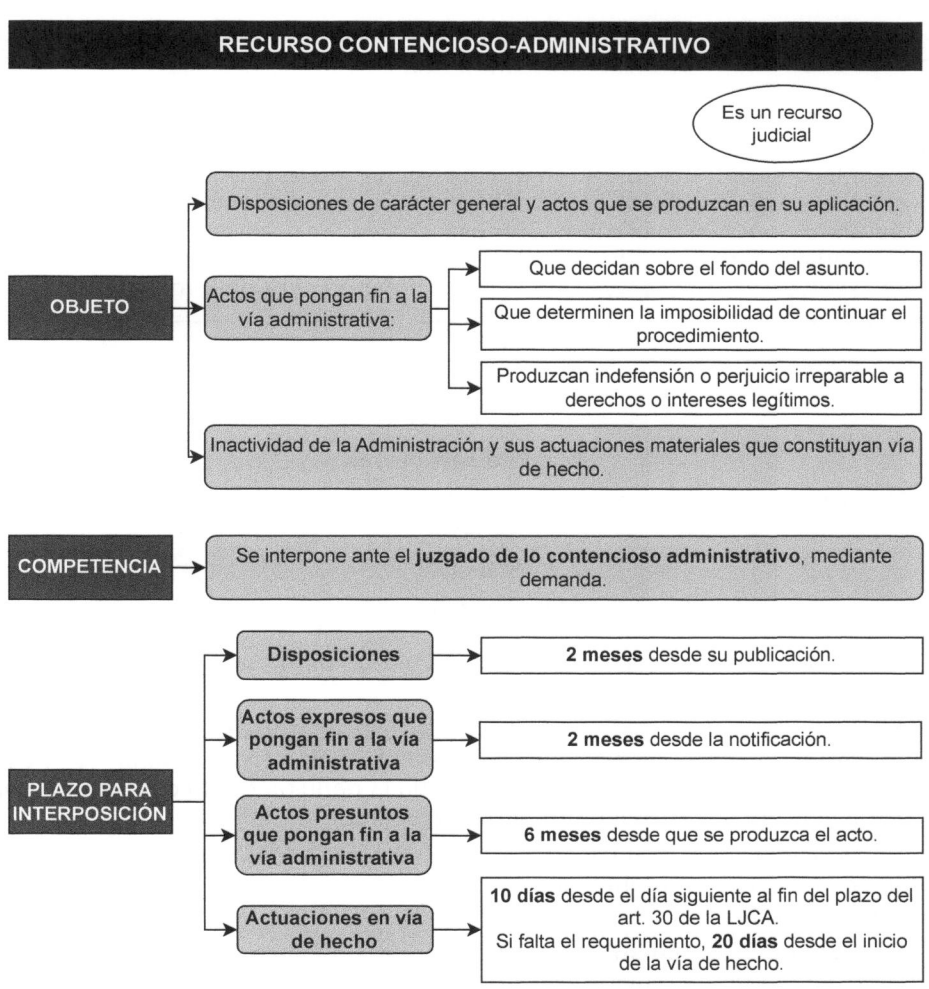

RECURSO CONTENCIOSO-ADMINISTRATIVO

Es un recurso judicial

OBJETO

Disposiciones de carácter general y actos que se produzcan en su aplicación.

Actos que pongan fin a la vía administrativa:
- Que decidan sobre el fondo del asunto.
- Que determinen la imposibilidad de continuar el procedimiento.
- Produzcan indefensión o perjuicio irreparable a derechos o intereses legítimos.

Inactividad de la Administración y sus actuaciones materiales que constituyan vía de hecho.

COMPETENCIA

Se interpone ante el **juzgado de lo contencioso administrativo**, mediante demanda.

PLAZO PARA INTERPOSICIÓN

- **Disposiciones** → **2 meses** desde su publicación.
- **Actos expresos que pongan fin a la vía administrativa** → **2 meses** desde la notificación.
- **Actos presuntos que pongan fin a la vía administrativa** → **6 meses** desde que se produzca el acto.
- **Actuaciones en vía de hecho** → **10 días** desde el día siguiente al fin del plazo del art. 30 de la LJCA. Si falta el requerimiento, **20 días** desde el inicio de la vía de hecho.

5.3. El silencio administrativo

El silencio administrativo *versus* la obligación de resolver en plazo

Dentro del capítulo I del título II relativo a la actividad de las Administraciones públicas de la Ley 39/2015, de 1 de octubre, del Procedimiento Administrativo Común de las Administraciones Públicas (LPAC), se encuentra la figura del silencio administrativo, estableciendo sus normas reguladoras y reforzando y completando de esta forma lo preceptuado respecto a la obligación de resolver.

El silencio administrativo se vincula a la obligación que incumbe a la Administración de dictar resolución expresa y notificarla, conforme a lo establecido en el artículo 21, apartado 1, de la LPAC; a salvo las excepciones en los casos de terminación del procedimiento por pacto o convenio, o los relativos al ejercicio de derechos sometidos únicamente al deber de declaración responsable o comunicación a la Administración. Esta obligación ha de cumplirse dentro de los plazos establecidos a tal efecto en la norma concreta, no superando nunca el máximo de 6 meses, salvo ley o normativa europea que establezca lo contrario. En ausencia de precepto legal que regule los tiempos para resolver, la LPAC prevé que el plazo máximo será de 3 meses.

PLAZOS
Regulado:
Lo establecido por norma:
Máximo seis meses.
Más seis meses si lo establece el **derecho de la UE** o una norma con rango de **ley**.
No regulado:
Máximo tres meses.

Pues bien, una vez transcurridos estos plazos para resolver, nos encontramos ante el silencio de la Administración.

El *Diccionario del español jurídico de la RAE* y el CGPJ define el silencio administrativo como «la estimación o desestimación tácita que la ley anuda al silencio de la Administración respecto de la petición de un ciudadano, una vez transcurrido el plazo legalmente establecido».

El silencio administrativo puede tener dos sentidos: negativo o positivo. Siguiendo la misma fuente que la recurrida para la definición del silencio administrativo, tenemos las siguientes descripciones:

- **Silencio administrativo negativo**: «Efecto desestimatorio que tiene la falta de resolución de la Administración sobre las pretensiones de los particulares en los procedimientos iniciados de oficio de los que pudiera derivarse el reconocimiento o, en su caso, la constitución de derechos u otras situaciones jurídicas individualizadas y en determinados procedimientos iniciados a instancia de parte».

– **Silencio administrativo positivo**: «Efecto estimatorio que, en general, tiene la falta de respuesta por parte de la Administración sobre una solicitud dirigida por un interesado a aquella, salvo que una norma con rango de ley o norma de derecho comunitario europeo establezca lo contrario».

Esta figura jurídica ha venido desarrollándose legalmente a lo largo de la historia a través de diferentes normas, experimentando una evolución constante. Así su análisis por los tribunales llega a conclusiones como las siguientes:

– **Sentencia del Tribunal Supremo, rec. 691/2013, de 16 de enero de 2015, ECLI:ES:TS:2015:140:**

«En efecto, podemos y debemos a remitirnos a nuestra sentencia de 23 de febrero de 2004 (RC 7282/2001), en la medida en que esta resolución vino a pormenorizar los eslabones concretos que han marcado la evolución de esta institución:

a) El **silencio administrativo negativo** en la Ley de Procedimiento Administrativo de 17 de julio de 1958 (LPA, en adelante). La atribución de un valor negativo o desestimatorio al silencio o inactividad formal de la Administración tiene un origen y una funcionalidad muy concretos, estrechamente ligados a la singular configuración técnica del recurso Contencioso-administrativo como un proceso impugnatorio de actos previos, cuya legalidad es objeto de revisión a posteriori. Esto es, si la Jurisdicción Contencioso-administrativa no puede conocer sino de recursos interpuestos contra actos previamente dictados por los órganos de la Administración, la falta de respuesta de esta a una petición a ella dirigida privaba al peticionario de la posibilidad de solicitar de un Tribunal Contencioso la pertinente "garantía judicial" por inexistencia de acto administrativo que recurrir por lo que, para evitar esta potencial situación de indefensión del interesado, la ley presume que, transcurrido un determinado plazo desde que se ha formulado una solicitud sin obtener respuesta expresa sobre la misma, aquella ha quedado desestimada.

Sobre este modelo, la técnica del silencio negativo se introduce en España por los Estatutos Locales de Calvo Sotelo de 1924 y 1925, la Ley Municipal Republicana de 1935 y, más tarde, por la Ley de 18 mar. 1944, a propósito del recurso de agravios (en materia de personal). Esta regulación parcial y limitada no se generaliza hasta la promulgación de la LJCA de 1956 que estableció en su artículo 38 un régimen general y uniforme para todos los ámbitos administrativos, régimen luego retocado levemente por Ley de Procedimiento Administrativo de 17 de julio de 1958 (art. 94).

La interpretación de este precepto dio lugar a una abundantísima jurisprudencia que perfiló y delimitó los rasgos o características esenciales de la figura. Así, se declaró que:

1.º) El silencio administrativo negativo era una mera ficción para facilitar el acceso a la vía judicial (...).

Este carácter o condición-ficción legal y no acto administrativo, que igualmente fue corroborado por el Tribunal Constitucional (STC de 21 ene. 1986; 21 dic. 1987 ó 3 abr. 1995), quedaba rigurosamente explícito en la Exposición de Motivos de la antigua LJCA de 1956 cuando decía: "La ley instituye un régimen general de silencio administrativo mediante el cual, transcurrido cierto plazo, puede presumirse por el interesado la existencia de un acto que le permita el acceso, si lo desea, a la jurisdicción contencioso-administrativa. Acudir a ella se considera como una facultad y no como una obligación (...)"».

– **Sentencia del Tribunal Supremo n.º 139/2020, de 13 de febrero, ECLI:ES:TS:2020:785:**

«b. El alcance del silencio positivo administrativo que viene reconociendo esta Sala, diciendo que "no debe ser un instituto jurídico formal, sino la garantía que impida que los derechos de particulares se vacíen de contenido cuando la Administración no atiende eficazmente y con la celeridad debida las funciones para las que se ha organizado", y siguiendo la interpretación que del silencio administrativo positivo venía haciendo la Sala Tercera de este Tribunal según la cual: "una vez operado el silencio positivo, no es dable efectuar un examen sobre la legalidad intrínseca del acto presunto, pues, si bien es cierto, que según el art. 62.1 f) de la Ley 30/92 son nulos de pleno derecho los actos presuntos 'contrarios' al Ordenamiento Jurídico por los que se adquieren facultades o derechos cuando se carezca de los requisitos esenciales para su adquisición, no es menos cierto que para revisar y dejar sin efecto un acto presunto (nulo) o anulable la Administración debe seguir los procedimientos de revisión establecidos por el art. 102, o instar la declaración de lesividad".

c. Igualmente, se ha considerado la doctrina constitucional que se contiene en la STC 52/2014, de 10 de abril, confirmando que en la norma legal que se aplica el juego del silencio no está en conexión directa con la legitimidad de la solicitud del interesado, sino que aparece como la consecuencia directa del incumplimiento de la obligación legal de la Administración pública de resolver expresamente dentro del plazo máximo fijado a tal fin».

El silencio administrativo, así como los efectos derivados de la falta de resolución expresa en plazo de la Administración, se encuentra regulado en la actualidad en los **artículos 24 y 25 de la LPAC**, en los que se trata este tema diferenciando entre los **procedimientos iniciados a instancia de parte y los procedimientos iniciados de oficio**.

En el régimen del silencio administrativo en los procedimientos iniciados a solicitud del interesado, el artículo 24 de la LPAC ordena, en términos generales, que el vencimiento del plazo máximo sin haberse notificado resolución expresa legitima al interesado o interesados para entenderla estimada por silencio administrativo. Mientras tanto, en los iniciados de oficio, la regla general del silencio es la ficción de entenderlos desestimados o, en su caso, incursos en caducidad (art. 25 de la LPAC).

El esquema básico sobre la cuestión es el siguiente:

EFECTOS DEL SILENCIO ADMINISTRATIVO		
PROCEDIMIENTOS INICIADOS POR INTERESADO (art. 24 de la LPAC)	**PROCEDIMIENTOS INICIADOS DE OFICIO** (art. 25 de la LPAC)	**RESOLUCIÓN POSTERIOR EXPRESA DE LA ADMINISTRACIÓN** (art. 21 de la LPAC)
Regla general efecto: estimatorio. Efecto **desestimatorio:** Cuando una **norma con rango de ley o una norma de derecho de la Unión Europea o de derecho internacional** aplicable en España lo establezcan. Cuando **el procedimiento tenga por objeto el acceso a actividades o su ejercicio**, la ley que disponga el carácter desestimatorio del silencio deberá fundarse en la concurrencia de razones imperiosas de interés general. Procedimientos de ejercicio del **derecho** de **petición**, a que se refiere el artículo 29 de la CE. Procedimientos que supongan transferir facultades **relativas al dominio o al servicio público, impliquen el ejercicio de actividades que puedan dañar el medio ambiente y en los procedimientos de responsabilidad patrimonial de las Administraciones públicas.** Procedimientos de **impugnación de actos y disposiciones y en los de revisión de oficio iniciados a solicitud de los interesados.** (Salvo recurso de alzada interpuesto contra la desestimación por silencio administrativo de una solicitud por el transcurso del plazo, se aplica fórmula: silencio negativo + silencio negativo = silencio positivo).	**Caducidad:** en los procedimientos en que la Administración ejercite potestades sancionadoras o, en general, de intervención, susceptibles de producir efectos desfavorables o de gravamen. **Desestimatorio:** en procedimientos de los que pudiera derivarse el reconocimiento o, en su caso, la constitución de derechos u otras situaciones jurídicas favorables. En los supuestos en los que el procedimiento se hubiera paralizado por causa imputable al interesado, se **interrumpirá** el cómputo del plazo para resolver y notificar la resolución.	Obligación de la Administración de dictar resolución expresa y notificarla: En los casos de estimación por silencio administrativo, la resolución expresa posterior a la producción del acto solo podrá dictarse de ser confirmatoria del mismo. En los casos de desestimación por silencio administrativo, la resolución expresa posterior al vencimiento del plazo se adoptará por la Administración sin vinculación alguna del sentido del silencio. Plazo máximo: El fijado por la norma reguladora del correspondiente procedimiento. **No podrá exceder de seis meses,** salvo que una norma con rango de ley establezca uno mayor o así venga previsto en la normativa comunitaria europea. Cuando las **normas** reguladoras de los procedimientos **no fijen el plazo máximo, este será de tres meses.**

CUESTIÓN

En un supuesto en que la legislación aplicable en el seno de un procedimiento administrativo no establezca expresamente un plazo de caducidad respecto al mismo, pero sí se establezcan una serie de trámites que, desde su incoación superan el plazo de tres meses, ¿qué plazo deberemos de aplicar y tener en cuenta para determinar la caducidad este tipo de supuestos?

En primer lugar y para una mejor comprensión de la respuesta a la anterior cuestión es interesante la lectura de la *sentencia del Tribunal Supremo rec. 2842/2006, de 26 de mayo de 2006, ECLI:ES:TS:2010:3604*, y de la *sentencia del Tribunal Supremo n.° 1193/2020, de 22 de septiembre, ECLI:ES:TS:2020:2916*, en las que se señala que, en los supuestos en los que la legislación aplicable no contemple expresamente un plazo de caducidad respecto del procedimiento, pero sí que establece una serie de trámites que, desde la incoación del expediente, superen el plazo de 3 meses, deberá entenderse que las normas reguladoras del procedimiento fijan un plazo superior a esos 3 meses para dictar resolución expresa, por lo que es de aplicación en estos casos el plazo de 6 meses contenido en el artículo 21.2 de la LPAC.

Características del silencio administrativo en los procedimientos de extranjería

La D.A. 13.ª del RLOEX establece que, una vez transcurrido el plazo para resolver las solicitudes previstas en la D.A. 12.ª del RLOEX, estas **podrán entenderse desestimadas por silencio administrativo**, de acuerdo con la D.A. 1.ª de la LOEX y con las excepciones previstas en la misma.

> **A TENER EN CUENTA**. Con la entrada en vigor del RD 1155/2024, de 19 de noviembre, el 20/05/2025, la alusión al silencio administrativo se prevé en la D.A. 8.ª del mismo, si bien ahora hace referencia al plazo para notificar las solicitudes, no al de resolución.

Ambas regulaciones remiten a la D.A. 1.ª de la LOEX de la que se infiere lo siguiente:

«1. **El plazo general máximo para notificar las resoluciones de las solicitudes de autorizaciones que formulen los interesados a tenor de lo previsto en esta Ley será de tres meses**, contados a partir del día siguiente al de la fecha en que hayan tenido entrada en el registro del órgano competente para tramitarlas; ello, sin perjuicio del plazo máximo de 15 días naturales establecido por la normativa comunitaria en relación con procedimientos de solicitud de visado de tránsito o estancia (así como de las excepciones previstas en la misma para su posible ampliación). **Transcurrido el plazo para notificar las resoluciones de las solicitudes, salvo lo dispuesto en el apartado siguiente, éstas podrán entenderse desestimadas**.

2. Las **solicitudes de prórroga de la autorización de residencia, la renovación de la autorización de trabajo, así como las solicitudes de autorización de residencia de larga duración** que se formulen por los interesados a tenor de lo dispuesto en la presente Ley Orgánica se resolverán y notificarán en el plazo máximo de tres meses contados a partir del día siguiente al de la fecha en que hayan tenido entrada en el registro del ór-

gano competente para tramitarlas. Transcurrido dicho plazo sin que la Administración haya dado respuesta expresa, se entenderá que **la prórroga o renovación han sido concedidas**.

3. Las **solicitudes de modificación de la limitación territorial o de ocupación de las autorizaciones iniciales de residencia y trabajo** se resolverán y notificarán por la administración autonómica o estatal competente en el plazo máximo de un mes. Transcurrido dicho plazo sin que la Administración haya dado respuesta expresa, se entenderá que la **solicitud ha sido concedida**».

En cuanto a la interpretación y alcance de la disposición anterior, señala la **STSJ de Canarias n.º 54/2023, de 2 de febrero, ECLI:ES:TSJICAN:2023:528**, que:

> «Se desprende de dicho precepto, sin ninguna dificultad, que en el apartado primero se regula el **régimen general de las solicitudes de autorizaciones formuladas al amparo de dicha normativa, estableciendo el silencio negativo para las mismas**, salvo lo dispuesto en el apartado siguiente, **salvedad que nos sitúa ante las solicitudes de prórroga de las autorizaciones, y autorizaciones de residencia de larga duración, en cuyo caso se establece la regla del silencio positivo**. Con ello se está distinguiendo claramente entre el acceso inicial a las autorizaciones correspondientes y la prórroga o renovación de las mismas, lo que tiene su justificación lógico jurídica en el hecho de que, en esta situación, **el interesado ya ha acreditado el cumplimiento de los requisitos legalmente establecidos y ha disfrutado de la pertinente autorización y consiguiente regularización de su situación en España**, de manera que la prórroga o renovación es consecuencia de la previa declaración administrativa y sujeta, únicamente, a la solicitud de renovación en las condiciones legalmente establecidas, por lo que no resultaría conforme a los principios de seguridad jurídica y confianza legítima una denegación presunta, en virtud del silencio administrativo, por el incumplimiento del deber de la Administración de resolver sobre la petición de prórroga o renovación en el plazo establecido al efecto. Más aun teniendo en cuenta que la Administración dispone de las facultades que la normativa le reconoce para adoptar las resoluciones pertinentes sobre el mantenimiento de las autorizaciones concedidas e, incluso, la aplicación de un régimen de infracciones y sanciones.
>
> Este planteamiento justifica la expresa referencia, en este apartado segundo del precepto, a la autorización de residencia de larga duración, ya que la misma responde y tiene como presupuesto el haber disfrutado de residencia temporal durante cinco años, es decir, de un considerable periodo de residencia legal (art. 32 LOEX) .
>
> Por otra parte, que la justificación de este distinto régimen del silencio administrativo, negativo o positivo, se encuentra en el hecho de que se trate de solicitudes de autorización iniciales o renovadas, resulta del apartado tercero de la propia Disposición Adicional Primera, cuando se refiere expresamente a las modificaciones de la autorizaciones iniciales de residencia y trabajo y las sujeta al régimen de silencio administrativo positivo, a diferencia de la previsión general del apartado primero».

¿Qué señala la D.A. 12.ª del RLOEX acerca de los plazos de resolución de los procedimientos?

> **A TENER EN CUENTA**. El nuevo Reglamento de Extranjería (20/05/2025) se refiere a los plazos de resolución de los procedimientos en su D.A. 7.ª de forma similar a la D.A. 12.ª del RLOEX con algunas matizaciones, si bien la nueva regulación suprime la remisión a estos plazos, en tanto, como ya se ha dicho, al hablar del silencio administrativo hace alusión al plazo para notificar las solicitudes, no al plazo para resolver.

– Sin perjuicio de los plazos específicamente establecidos en relación con determinados procedimientos, el **plazo general máximo para notificar las resoluciones** sobre las solicitudes que se formulen por los interesados en los procedimientos regulados en el RLOEX será de **tres meses contados a partir del día siguiente al de la fecha en que hayan tenido entrada en el registro del órgano competente para tramitarlas**. Se exceptúan las peticiones de autorización de residencia por reagrupación familiar, de autorización de trabajo de temporada y las realizadas al amparo de los artículos 185 y 186 del RLOEX, cuyas resoluciones se notificarán **en la mitad del plazo señalado**. Estas excepciones se suprimen en el nuevo Reglamento de Extranjería respecto de la regulación de los plazos para la resolución de los procedimientos.

– En los **procedimientos en materia de visados**, el **plazo máximo, no prorrogable**, para notificar las resoluciones sobre las solicitudes será de un mes, contado a partir del día siguiente al de la fecha en que la solicitud haya sido presentada en forma en la oficina consular competente para su tramitación, **salvo en el caso de los visados de residencia no lucrativa, en los que el plazo máximo será de tres meses**. En el caso del visado de residencia no lucrativa, la solicitud de la pertinente autorización de residencia por parte de la delegación o subdelegación del Gobierno que corresponda interrumpirá el cómputo del plazo, hasta que se comunique la resolución.

> **A TENER EN CUENTA**. El RD 1155/2024, de 19 de noviembre, señala, respecto del punto anterior, que «En los procedimientos en materia de visados, el plazo máximo, y no prorrogable, para notificar las resoluciones sobre las solicitudes será de un mes, contado a partir del día siguiente al de la fecha en que la solicitud haya sido presentada en forma en la oficina consular competente para su tramitación o ésta haya recibido la correspondiente resolución favorable de autorización, salvo en el caso de que se establezcan otros plazos en relación con el procedimiento de determinados visados».

Lo previsto en los puntos anteriores se entenderá sin perjuicio de los plazos establecidos por el derecho de la Unión Europea como directamente aplicables en materia de visados de tránsito aeroportuario, visados uniformes o visados de validez territorial limitada.

En lo que se refiere al silencio administrativo, es interesante traer a colación la **sentencia del Tribunal Supremo, rec. 39/2005, de 10 de enero de 2007, ECLI:ES:TS:2007:782**, en la que se resuelven distintas impugnaciones del Reglamento de Extranjería del año 2004. Entre ellas, y por su relación con lo previsto en la D.A. 1.ª de la LOEX, cabe destacar la relativa al artículo 35.6 del Real Decreto 2393/2004, de 30 de diciembre, concretamente el inciso «(...) y así se entenderá si en el plazo de un mes no se comunica (...)», ahora previsto en el artículo 48.5 del RLOEX.

A TENER EN CUENTA. A partir del 20/05/2025, el procedimiento regulado en el artículo 48 del RLOEX se sustituye por la regulación contenida en el artículo 63 del RD 1155/2024, de 19 de noviembre, el cual ya no contempla la expresión analizada por el Alto Tribunal en la referida sentencia.

Pues bien, señala el Supremo:

> «Sostiene la demandante que se trata de un **acto que no puede ser presunto** según cómo se regula en la Ley 30/1992 el silencio administrativo y, además que sin cobertura legal, **recorta el plazo de tres meses a uno**.
>
> (...)
>
> A lo anterior responde el Sr. Abogado del Estado manifestando que "se afirma que el precepto incumple la regulación del silencio administrativo en la Ley 30/1992 pero sin concretar de qué modo se produce esa conculcación. Señala que el vencimiento de los plazos establecidos para la conclusión de los procedimientos sin haberse dictado resolución expresa legitima al interesado para entender estimada o desestimada por silencio administrativo según proceda su solicitud, pero la Ley no se refiere a los actos de trámite.
>
> Considera que el apartado 6 del art. 35 se refiere a un **acto de trámite por lo que es razonable que para dictarlo se establezca un plazo menor como el señalado de un mes**. El acto definitivo de concesión o denegación del visado corresponde a la Misión Diplomática u Oficina Consular. Esa conclusión es coherente con la Disposición Adicional Primera de la Ley Orgánica 4/2000, de 11 de enero, puesto que si según la misma el plazo para resolver es de tres meses es perfectamente lógico que para el acto de trámite el plazo sea de un mes.
>
> (...)
>
> Así las cosas la Sala no comparte la opinión del Sr. Abogado del Estado de que estemos en presencia de un acto de trámite (...).
>
> Se trata por tanto de un **acto definitivo cuya eficacia queda supeditada según la norma al cumplimiento de los requisitos que ella misma establece**».

Así, resuelve la citada sentencia la cuestión relativa a la contravención de las normas relativas al silencio en el caso de denegación del visado de la siguiente manera:

> «La primera cuestión, es decir la relativa a la vulneración en este supuesto de la Ley 30/1992 debe rechazarse, puesto que la Ley Orgánica 4/2000 que desarrolla el Real Decreto 2393/2004, parcialmente impugna-

do contiene una explícita regulación en materia de autorizaciones y de su desestimación por silencio administrativo en la Disposición Adicional Primera, apartado 1, al fijar un plazo máximo para la resolución de los expedientes.

(...)

Es cierto que el **plazo que prevé el reglamento es inferior al legal pero no lo es menos que éste es un plazo máximo, y, por lo tanto, que se entienda desestimada la autorización solicitada en un plazo inferior, y por ello más breve, no perjudica al interesado, sino más bien al contrario, porque de ese modo podrá anticipar el recurso frente a la decisión denegatoria.** Es cierto también que el Consejo de Estado en su informe puso de relieve la brevedad del plazo e incluso lo relacionó con las posibilidades reales de funcionamiento de las misiones diplomáticas u oficinas diplomáticas, extremo que, a nuestro entender, carece de relevancia puesto que éstas no son las que deciden sino las Delegaciones o Subdelegaciones del Gobierno que si han de contar con los medios para decidir en plazo, y, por último, apoya esa decisión de acortamiento del plazo el hecho de que estamos en presencia del procedimiento de solicitud de autorización menos común puesto que se trata de la autorización para residir temporalmente en España sin realizar actividades laborales.

Por todo ello la impugnación ha de decaer».

> **A TENER EN CUENTA.** Las referencias en la sentencia a la Ley 30/1992, de 26 de noviembre, y al artículo 35.6 del Real Decreto 2393/2004, de 30 de diciembre, deben entenderse hechas a la Ley 39/2015, de 1 octubre, y al artículo 48.5 del RLOEX, respectivamente.

En relación con todo lo expuesto, la **STSJ de Castilla y León n.º 147/2022, de 13 de mayo, ECLI:ES:TSJCL:2022:2172**, contempla un caso en que no **concurre caducidad del expediente sino desestimación por silencio,** declarando al respecto que:

> «Comienza denunciando la parte apelante que **la sentencia apelada incurre en error al no apreciar la caducidad del expediente,** ya que (...), al haber transcurrido el plazo de tres mes previsto para la resolución del mismo, (...), resulta evidente que el expediente había caducado cuando se dicta dicha resolución (...).
>
> (...)
>
> Así, es cierto que el **art. 149.4 del RD 557/2011 contempla el plazo de tres meses desde la recepción de solicitud para que resuelva el órgano competente el expediente administrativo** previsto para la tramitación de la solicitud de larga duración, precisando tanto la D.A. Primera de la L.O. 4/2000 como la D.A. Duodécima del RD 557/2011 que el **plazo máximo para notificar las resoluciones que se dicten sobre las solicitudes** (salvo las solicitudes excepcionadas, dentro de las que no se comprende la de autos) que se formulen en los procedimientos regulados en este Reglamento, **será de tres meses,** y también es verdad que dicha solicitud en el caso de autos se presentó el día 23 de noviembre de 2.020 y que no se dictó resolución en dicho expediente hasta el día 2 de marzo de 2021, y por ello una vez transcurrido el citado plazo de tres meses.

Pero aun siendo ciertos dichos extremos, **no cabe apreciar la caducidad del expediente, y ello porque en el presente no opera la institución de la caducidad y si la desestimación de la solicitud en virtud del silencio administrativo**, como así resulta de lo establecido en la D.A. Primera de la L.O. 4/2000, sobre derecho y libertades de las personas extranjeras en España en relación con las Disposiciones Adicionales duodécima y decimotercera del RD 557/2011, por el que se aprueba el Reglamento de Extranjería, y en relación con lo dispuesto como también resulta de lo dispuesto en los arts. 24.1 y 25.1.b), ambos de la Ley 39/2015 del Procedimiento Administrativo Común de las Administraciones Públicas».

A TENER EN CUENTA. El extracto anterior hace alusión al plazo de 3 meses previsto en el artículo 149.4 del RLOEX, el cual, a partir del 20/05/2025, se contiene en el artículo 184.6 del RD 1155/2024, de 19 de noviembre, si bien en esta nueva regulación no hace falta aclarar el sentido del silencio jurisprudencialmente, toda vez, que el nuevo precepto establece expresamente que «En el plazo máximo de tres meses desde la recepción de la solicitud, el órgano competente resolverá y notificará. Transcurrido dicho plazo, se entenderá que la solicitud ha sido estimada».

Otro supuesto de **silencio administrativo en sentido negativo** se contempla en la **sentencia del JCA de Palma de Mallorca n.º 207/2023, de 4 de abril, ECLI:ES:JCA:2023:1393**, en la que se resuelve el recurso contencioso-administrativo interpuesto contra la desestimación por silencio de una autorización de residencia y trabajo por circunstancias excepcionales de arraigo social. En este caso, la parte demandada alegaba la inadmisión del recurso por falta de resolución de la Administración sobre la solicitud, lo cual es desestimado en los términos siguientes:

«La **Administración está obligada a dictar resolución expresa, pero en aquellos supuestos en que no lo haga dentro del plazo establecido, entra en juego la figura del silencio administrativo**, creándose una ficción jurídica que permita al administrado reaccionar contra la inactividad de la Administración.

En este caso y de conformidad con la Disposición Adicional Decimotercera del Reglamento de Extranjería, el silencio de la administración opera en sentido negativo, por lo que habiendo trascurrido 3 meses desde que se tuvo entrada la solicitud sin que la Administración haya resuelto, se entiende que ha denegado la autorización solicitada por el recurrente, y frente a este acto puede interponer recurso contencioso administrativo.

Se desestima la causa de inadmisión».

Admitido el recurso, resuelve la sentencia en cuanto al fondo del asunto la estimación del mismo y entiende que debe concederse la autorización solicitada por concurrir todos los requisitos exigidos para la misma.

A TENER EN CUENTA. Lo anterior se entiende aplicable a la nueva regulación en los términos de la D.A. 8.ª del RD 1155/2024, de 19 de noviembre (20/05/2025).

CUESTIÓN

¿Qué sucede en caso de falta de resolución sobre una solicitud de tarjeta de residencia temporal de familiar de ciudadano de la UE?

En cuanto a la solicitud de tarjeta de residencia temporal de familiar de ciudadano de la UE, hay que tener en cuenta la aplicación del Real Decreto 240/2007, de 16 de febrero, sobre entrada, libre circulación y residencia en España de ciudadanos de los Estados miembros de la Unión Europea y de otros Estados parte en el Acuerdo sobre el Espacio Económico Europeo, el cual en su disposición adicional segunda se remite en lo no previsto en materia procedimental a la LOEX, RLOEX y LPAC. Dicho esto, en materia de silencio administrativo se aplicará en los casos planteados lo que resulte de las normas citadas. Así lo establece la *sentencia del TSJ de Cataluña n.º 2919/2023, de 27 de julio, ECLI:ES:TSJCAT:2023:6937*:

«Respecto del régimen del silencio en las autorizaciones donde se solicita la tarjeta de residencia de familiar del ciudadano de la UE, el Tribunal Supremo ha sentado como doctrina que, en todo caso, el sentido del silencio en procedimientos de concesión de la tarjeta de residente comunitario del R.D. 240/2007, debe ser el establecido con carácter general para las autorizaciones de residencia, esto es el negativo (...)».

A estos efectos cita la *STS n.º 872/2019, de 24 de junio, ECLI:ES:TS:2019:2081*, de la que se infiere:

«(...) siendo de aplicación a las solicitudes de tarjeta de residencia temporal de familiar de ciudadano de la Unión Europea el citado artículo 8 del reseñado Real Decreto 240/2007, en el que ni en dicho precepto ni en otro de su articulado se regulan los efectos de no dictarse resolución en el plazo de los tres meses siguientes a la formulación de la solicitud, la respuesta a la cuestión planteada en el auto de admisión no puede ser otra, en aplicación de la disposición adicional primera, apartado 1, de la Ley Orgánica 4/2000, de 11 de enero, sobre derechos y libertades de las personas extranjeras en España y su integración social, que el régimen aplicable al silencio administrativo en los expedientes de solicitud de residencia temporal de familiar de ciudadano europeo, es el previsto en el apartado 1 de la indicada disposición adicional (...). Esto es, que trascurridos los tres meses de la solicitud sin notificar de la resolución el silencio opera de forma negativa, pudiendo el interesado recurrir».

No obstante, hay que recordar la interpretación de la D.A. 1.ª de la LOEX contenida en la *STSJ de Canarias n.º 54/2023, de 2 de febrero, ECLI:ES:TSJI-CAN:2023:528*, de manera que, en el caso de las solicitudes referidas en la cuestión que estamos examinando, también hay que distinguir según se trate del acceso inicial a la autorización, en cuyo caso el silencio será negativo como hemos visto, o de renovaciones o autorizaciones que traigan causa de una situación de residencia legal previa en que el silencio será positivo. Ejemplo de este último supuesto se contiene en la meritada sentencia.

ANEXO I.
CASOS PRÁCTICOS

Caso práctico | Efectos del silencio administrativo ante recurso de alzada por denegación de tarjeta residencia temporal a familiar de ciudadano de la UE

PLANTEAMIENTO

Ante la denegación de la solicitud de la tarjeta de residencia temporal de familiar de ciudadano de la UE, se interpone recurso de alzada. Pasado más de un año y sin recibir ninguna notificación, ¿se estaría ante un caso de silencio administrativo negativo? Y de ser así, ¿estaría en plazo para presentar el pertinente recurso contencioso-administrativo?

RESPUESTA

En cuanto a la existencia de silencio administrativo negativo, **si el recurso de alzada no se resuelve en plazo (3 meses) se entiende desestimado por silencio administrativo negativo** y se abre la vía contencioso-administrativa (art. 122.2 de la LPAC en relación con el art. 24 de la misma ley).

Por otra parte, **con respecto al plazo de interposición del recurso contencioso-administrativo**, el art. 46.1 de la LJCA establece lo siguiente:

> «1. El plazo para interponer el recurso contencioso-administrativo será de **dos meses contados desde el día siguiente al de la publicación de la disposición impugnada o al de la notificación o publicación del acto que ponga fin a la vía administrativa, si fuera expreso. Si no lo fuera, el plazo será de seis meses** y se contará, para el solicitante y otros posibles interesados, **a partir del día siguiente a aquél en que, de acuerdo con su normativa específica, se produzca el acto presunto**».

Sin embargo, a pesar de lo dispuesto en el art. 46.1 de la LJCA, de conformidad con la **Sentencia del Pleno del Tribunal Constitucional n.º 52/2014, de 10 de abril, ECLI:ES:TC:2014:52**, la cual fue dictada ante la cuestión de inconstitucionalidad que se planteó sobre el citado artículo 46 por considerar que vulneraba el derecho a la tutela judicial efectiva recogido en el artículo 24 de la CE, **al tratarse de un recurso por silencio negativo no existe plazo para la interposición**.

Caso práctico | Trabajador sin permiso de residencia ni trabajo. Derecho a cobrar prestaciones por incapacidad temporal derivada de accidente de trabajo

PLANTEAMIENTO

Un trabajador extranjero sin permiso de residencia ni trabajo, que no había suscrito contrato de trabajo alguno y no estaba afiliado y en alta en Seguridad Social ha sufrido un accidente de índole laboral.

1.- ¿El trabajador extranjero en situación irregular está o no protegido en el nivel contributivo por el sistema de Seguridad Social?

2.- Si se diese el supuesto específico en el que el trabajador extranjero accidentado hubiese suplantado la personalidad de otro, habiendo sido de alta y cotizado por el empleador con esa personalidad equívoca facilitada por el propio accidentado. ¿Se negaría la prestación al tratarse de una irregularidad en la contratación provocada por el propio trabajador?

RESPUESTA

1.- ¿El trabajador extranjero en situación irregular está o no protegido en el nivel contributivo por el sistema de Seguridad Social?

De conformidad con el art. 166 de la LGSS, los trabajadores comprendidos en el RGSS se considerarán de pleno de echo en situación de alta a efectos de accidente de trabajo, enfermedades profesionales y desempleo, aunque el empresario hubiera incumplido sus obligaciones de afiliación o alta. (**STS, rec. 2153/2002, de 07 de octubre de 2003, ECLI:ES:TS:2003:6101**).

El apdo. 1 del art. 7 de la Ley General de la Seguridad Social, nos permite concluir que el extranjero que resida o se encuentre legalmente en España y realice una actividad profesional queda dentro del campo de aplicación del sistema de la Seguridad Social. La única excepción parece que alcanzaría a trabajadores fronterizos y artistas que se encuentren por un corto periodo de tiempo en territorio español y a los marinos, sin perjuicio de que sean equiparados a los españoles por vía de reciprocidad diplomática o de reciprocidad legislativa tácita o expresa. No obstante, el trabajador extranjero no se encuentra en la situación citada anteriormente, ya que al no existir afiliación ni alta ni cotización se impone declarar la responsabilidad empresarial en el pago de la prestación, es decir el subsidio de Incapacidad Temporal, debiendo la Mutua de Accidentes hacerse cargo de forma anticipada de tales prestaciones, con derecho a repetir contra tal empresa.

La **STSJ de Murcia, rec. 1573/1998, de 04 de octubre de 1999, ECLI:ES:STSJMU:1999:1910**, va más allá incluso de la imputación de empresario y Mutua, condenando, de forma extensiva al Instituto Nacional de la Seguridad Social en su calidad de Fondo de Garantía de Accidentes de Trabajo, a hacerse cargo de la prestación derivada de accidente de trabajo. (**TS, rec. 106/2009, de 21 de enero de 2010, ES:TS:2010:948; TS, rec. 2153/2002, de 07 de octubre de 2003, ECLI:ES:TS:2003:6101** y **TSJ Murcia, n.º 979/1999, de 04 de octubre de 1999, ES:TSJMU:1999:1910**).

2.- **Si se diese el supuesto específico en el que el trabajador extranjero acciden-tado hubiese suplantado la personalidad de otro, habiendo sido de alta y cotizado por el empleador con esa personalidad equívoca facilitada por el propio acciden-tado. ¿Se negaría la prestación al tratarse de una irregularidad en la contratación provocada por el propio trabajador?**

El contrato con otra identidad se considera inexistente y por lo tanto no existiría derecho a prestación.

En este supuesto nos encontramos ante una situación distinta de la contemplada anteriormente, pues mientras en el primer supuesto el contrato celebrado lo había sido a ciencia y conciencia de los intervinientes aunque con infracción de la exigen-cia legal contenida en el apdo. 4 del art. 36 de la LOEX de que para contratar a una persona extranjera es necesaria la obtención de la previa autorización para trabajar, en el supuesto contemplado en último lugar no puede afirmarse que el empresario que contrató al demandante prestara su consentimiento válido en dicha contratación puesto se parte de la base de que el empleador firmó los respectivos contratos en la convicción de que contrataba a un trabajador debidamente autorizado para residir, cuando realmente estaba dando su consentimiento a otro contrato distinto con un error no solo calificable de sustancial, sino producido dolosamente por un trabajador que suplantaba realmente a otro con falsedad documental concurrente. En este caso, a diferencia del primer supuesto, se puede afirmar en definitiva que no hubo contrato por cuanto faltó uno de los requisitos esenciales del mismo conforme a lo dispuesto en el art. 1266 del Código Civil, y, como en el mismo se dice, en estos casos «no hay contrato», puesto que aquel error provocado dolosamente, al recaer sobre un elemen-to sustancial cual era no tanto la concreta persona del trabajador sino sobre su propia identidad, origen y situación jurídica en relación con las exigencias de la LOEX nos sitúa ante un error sustancial que invalida aquel consentimiento conforme a lo dis-puesto al efecto por el art. 1266 del Código Civil. Y esta diferencia sustancial es la que impide mantener las tesis defendidas por el recurrente puesto que el punto de partida no es el de un contrato celebrado contra las exigencias de la LOEX con los efectos de-rivados de las previsiones contenidas en esta Ley, sino ante un contrato inexistente o nulo en aplicación de las previsiones básicas de todo nuestro sistema de contratación (TS, rec. 106/2009, de 21 de enero de 2010, ECLI:ES:TS:2010:948 y STS, rec. 106/2009, de 21 de enero de 2010, ECLI:ES:TS:2010:948).

Caso práctico | Suspensión del expediente de expulsión de una persona extranjera en situación de irregularidad

PLANTEAMIENTO

«A», ciudadano extranjero, solicita en abril de 2022 una autorización de residencia temporal por circunstancias excepcionales que posteriormente será denegada por silencio administrativo. En diciembre de ese mismo año se procede a la incoación del expediente de expulsión de «A» derivada de una infracción del artículo 53.1.a) de la LOEX.

¿Qué puede hacer «A» para evitar su expulsión?

RESPUESTA

Deberá atender al artículo 63.6 de la LOEX, según el cual, en los supuestos de las letras a) y b) del apartado 1 del artículo 53 de la LOEX, **cuando la persona extranjera acredite haber solicitado con anterioridad autorización de residencia temporal, el órgano encargado de tramitar la expulsión suspenderá la misma hasta la resolución de la solicitud,** procediendo a la continuación del expediente en caso de denegación.

También al artículo 241 del RLOEX, apartado 1:

«1. **Si durante la tramitación del expediente seguido por el procedimiento preferente y por la causa prevista en la letra a) del artículo 53.1 de la Ley Orgánica 4/2000, de 11 de enero, el extranjero expedientado acreditase haber solicitado con anterioridad a su iniciación una autorización de residencia temporal por circunstancias excepcionales** de conformidad con lo dispuesto en los artículos 31.3 de la citada Ley Orgánica y concordantes de este Reglamento, **el instructor recabará informe del órgano competente sobre el estado de tramitación de dicha solicitud.** En caso de que el interesado no reuniera, de acuerdo con la resolución que se dicte sobre la solicitud de autorización, los requisitos previstos para la obtención de la autorización de residencia, el instructor decidirá la continuación del expediente de expulsión y, en caso contrario, procederá a su archivo. De entender procedente la prosecución del expediente y previo acuerdo dictado al efecto, continuará por los trámites del procedimiento ordinario regulado en este Reglamento».

Por lo tanto, queda claro que el proceder de la Administración, en este caso, es contrario a los preceptos indicados. Teniendo en cuenta que la solicitud de residencia se presentó en abril y la incoación del expediente se produce en diciembre sin haber sido la solicitud de residencia resuelta de manera expresa, y dado que la Administración tiene la obligación de resolver de manera expresa y el silencio es una ficción que permite la impugnación por la persona interesada, **puede suspenderse la expulsión de «A» continuando el expediente por los trámites del procedimiento ordinario.**

A TENER EN CUENTA. A partir del 20/05/2025 será de aplicación el artículo 240 del nuevo Reglamento de Extranjería, aprobado por el RD 1155/2024, de 19 de noviembre, fecha en la que quedará derogado el RLOEX. Este artículo en su apartado 1 establece lo mismo que el apartado 1 del art. 241 del RLOEX anteriormente citado.

Caso práctico | Expulsión de persona extranjera con residencia de larga duración por comisión de una infracción muy grave según la LOEX

PLANTEAMIENTO

«A», ciudadano extranjero nacional de Ecuador con autorización de residencia de larga duración, es detenido mientras fabricaba explosivos careciendo de la documentación o autorización requeridas para ello. ¿Estaría cometiendo alguna infracción de la LOEX?, y si fuera así, ¿qué sanción implicaría?

RESPUESTA

Sí, una **infracción muy grave** recogida en el art. 54.1 a) de la LOEX:

> «Participar en actividades contrarias a la seguridad nacional o que pueden perjudicar las relaciones de España con otros países, o estar implicados en actividades contrarias al orden público previstas como **muy graves** en la Ley Orgánica 1/1992, de 21 de febrero, sobre Protección de la Seguridad Ciudadana».

Según la Ley Orgánica 4/2015, de 30 de marzo, de protección de la seguridad ciudadana (norma a la que se debe entender realizada la remisión del art. 54 de la LOEX), constituye una **infracción grave** la **fabricación**, reparación, almacenamiento, circulación, comercio, transporte, distribución, adquisición, certificación, enajenación o utilización de armas reglamentarias, **explosivos catalogados**, cartuchería o artículos pirotécnicos, incumpliendo la normativa de aplicación, careciendo de la documentación o autorización requeridas o excediendo los límites autorizados cuando tales conductas no sean constitutivas de delito, así como la omisión, insuficiencia, o falta de eficacia de las medidas de seguridad o precauciones que resulten obligatorias (art. 36.12 de la LOPSC); siendo **infracción muy grave** cuando cause **perjuicios muy graves**.

Esta infracción prevé una multa que va desde los 10.001 hasta los 100.000 euros, que puede sustituirse, y en este caso seguramente se sustituya, por la expulsión del territorio español. Esta **expulsión se puede producir aunque la persona extranjera cuente con la autorización de residencia de larga duración**, ya que la infracción prevista en el artículo 54.1.a) de la LOEX es la excepción que marca el art. 57.5 de la LOEX para poder sancionar con la expulsión a las personas extranjeras residentes de larga duración.

La expulsión también llevará consigo aparejada la **prohibición de entrada en territorio español** que no excederá de 5 años, si bien, la duración de la prohibición se determinará en consideración a las circunstancias que concurran en cada caso.

Asimismo, cuando la persona extranjera suponga una amenaza grave para el orden público, la seguridad pública, la seguridad nacional o para la salud pública, podrá imponerse un período de prohibición de entrada de hasta diez años, todo ello de acuerdo con el artículo 58 de la LOEX.

ANEXO II.
FORMULARIOS

Escrito de alegaciones iniciales en procedimiento sancionador en materia de extranjería (genérico)

El artículo 227.2, párrafo primero, del RLOEX establece:

«El acuerdo de iniciación se comunicará al instructor con traslado de cuantas actuaciones existan al respecto y se notificará a los interesados, entendiéndose en todo caso por tal al expedientado».

Por su parte el artículo 228 del RLOEX determina:

«1. Sin perjuicio de lo dispuesto en el artículo anterior, los interesados dispondrán de un plazo de quince días para aportar cuantas alegaciones, documentos o informaciones estimen convenientes y, en su caso, proponer las pruebas y concretar los medios de que pretendan valerse.
2. Cursada la notificación a que se refiere el apartado anterior, el instructor del procedimiento realizará de oficio cuantas actuaciones resulten necesarias para el examen de los hechos, y recabará los datos e informaciones que sean relevantes para determinar, en su caso, la existencia de responsabilidades susceptibles de sanción.
3. Si como consecuencia de la instrucción del procedimiento resultase modificada la determinación inicial de los hechos, de su posible calificación, de las sanciones imponibles o de las responsabilidades susceptibles de sanción, se notificará todo ello al expedientado en la propuesta de resolución».

A TENER EN CUENTA. A partir del 20/05/2025, con la entrada en vigor del RD 1155/2024, de 19 de noviembre, queda derogado el RLOEX, si bien el contenido de los preceptos anteriores se mantiene en la nueva regulación, concretamente en los artículos 226.2, párrafo 1.º y 227 del nuevo Reglamento de Extranjería. El presente formulario se encuentra actualizado a ambas regulaciones.

[ÓRGANO] **(1)**

Don/Doña [NOMBRE_RECURRENTE] titular del NIE n.º [NIE] **(2)** y domicilio a efectos de notificación en [DOMICILIO], ante [ÓRGANO] comparezco y como mejor proceda en derecho,

DIGO

I.- En fecha [FECHA] me ha sido notificada la resolución de [FECHA] en virtud de la cual se acuerda iniciar el procedimiento sancionador al margen referenciado, tramitándose con carácter ordinario conforme a los artículos 226 y siguientes del Real Decreto 557/2011, de 20 de abril (RLOEX) **(3)**, al considerar infringido el artículo 53.1, letra a) **(4)**, de la Ley Orgánica 4/2000, de 11 de enero, sobre Derechos y Libertades de las personas extranjeras en España y su Integración Social (LOEX).

II.- Dentro del plazo de quince días legalmente establecido, por medio del presente escrito vengo a formular las siguientes

ALEGACIONES

PRIMERA.- [ESPECIFICAR] **(5)**

SEGUNDA.- Falta de proporcionalidad en la sanción.

En cualquier caso, conforme al principio de proporcionalidad, atendiendo a las circunstancias anteriormente expuestas, en el supuesto de que el presente procedimiento no sea archivado se procederá —en su caso— a la imposición de una sanción de multa, pero en ningún caso a la de expulsión del territorio nacional por entenderla desproporcionada.

Así, procede tener en consideración lo dispuesto en el art. 55.3 de la LOEX: «Para la graduación de las sanciones, el órgano competente en imponerlas se ajustará a criterios de proporcionalidad, valorando el grado de culpabilidad y, en su caso, el daño producido o el riesgo derivado de la infracción y su trascendencia».

En el presente supuesto, la sanción de multa resultaría en su caso la más adecuada, atendiendo a mi situación personal en España.

En virtud de lo expuesto,

SOLICITO:

Que teniendo por presentado este escrito en tiempo y forma se sirva admitirlo, y teniendo por formuladas las alegaciones en el mismo contenidas, se sirva tener por evacuado el presente trámite, y en virtud de lo expuesto se dicte resolución por la que se acuerde el archivo del presente procedimiento o, subsidiariamente, previa la tramitación pertinente, sean tenidas en cuenta las circunstancias expuestas al objeto de no imponerme la sanción de expulsión del territorio nacional.

En [LOCALIDAD] a [DÍA] de [MES] de [AÑO].

Firmado:

Don/Doña [NOMBRE_INTERESADO]

---

(1) El que resulte competente para tramitar el procedimiento administrativo.

(2) NIE, o en su defecto el Número de Pasaporte si es que disponemos de la referida información.

(3) A partir del 20/05/2025, con la entrada en vigor del Real Decreto 1155/2024, de 19 de noviembre, se deroga el RLOEX y la regulación del procedimiento ordinario en materia de extranjería se regulará en los artículos 225 y siguientes del nuevo Reglamento de Extranjería.

(4) Esta infracción puede dar lugar a un procedimiento preferente en los términos del artículo 234 del RLOEX (art. 233 del nuevo Reglamento de Extranjería, a partir del 20/05/2025), cuando concurra alguna de las circunstancias siguientes:
- Riesgo de incomparecencia.
- La persona extranjera evite o dificulte la expulsión, sin perjuicio de las actuaciones en ejercicio de sus derechos.
- La persona extranjera represente un riesgo para el orden público, la seguridad pública o la seguridad nacional.

(5) Indicar, en su caso, la circunstancia que acredite que se encuentra en España de forma regular, a modo de ejemplo:
- Se ha presentado solicitud de autorización de residencia del tipo que corresponda, o, en su caso, su renovación, la cual se encuentra en trámite, acompañando copia de la solicitud.
- Se ha solicitado la nacionalidad española.
- La situación personal de la persona extranjera en España o su arraigo evidencia la conveniencia de evitar la sanción de expulsión del territorio español.

Recurso de reposición contra sanción por trabajar como autónomo en España, cuando se tiene autorización de residencia temporal

A LA SUBDELEGACIÓN DEL GOBIERNO DE [LOCALIDAD] **(1)**

Don/Doña [NOMBRE], mayor de edad, con NIE [NIE] y domicilio a efectos de notificaciones en [DOMICILIO], actuando en mi propio nombre y derecho, en mi condición de interesado en el procedimiento [ESPECIFICAR], comparezco ante esta Administración y como mejor proceda en derecho,

DIGO

Con fecha [FECHA] me fue notificada resolución de fecha [FECHA] dictada por [ÓRGANO] por la que se acuerda la imposición de multa por importe de [CANTIDAD], en virtud de lo dispuesto en el artículo 55 de la Ley Orgánica 4/2000, de 11 de enero, sobre derechos y libertades de las personas extranjeras en España y su integración social (LOEX), bajo el argumento de que me encontraba trabajando en España por cuenta propia, cuando tan solo contaba con autorización de residencia temporal, siendo esta una conducta calificada como infracción leve por el artículo 52. c) de la LOEX.

Por medio del presente escrito, y dentro del plazo de un mes establecido al efecto, vengo a interponer recurso potestativo de reposición contra la resolución n.º [NÚMERO] dictada por [ÓRGANO] en fecha [FECHA] por la cual se impone la sanción de [ESPECIFICAR], con base en las siguientes:

ALEGACIONES

PRIMERA.- En fecha [FECHA] solicité la autorización de residencia temporal que me fue concedida en fecha [FECHA], a cuyos efectos probatorios adjunto copia de la solicitud y resolución estimatoria (**documento n.º** [NÚMERO]).

SEGUNDA.- En fecha [FECHA], habiendo transcurrido el plazo de un año desde que me fue estimada la autorización de residencia en España dirigí a la Oficina de Extranjería, tras su presentación en [REGISTRO PÚBLICO] **(2)** la solicitud, para la modificación de mi situación y acceder a la de residencia y trabajo por cuenta propia en virtud de lo dispuesto en el artículo 200, apartado 4 del Real Decreto 557/2011, de 20 de abril, por el que se aprueba el Reglamento de la Ley Orgánica 4/2000, sobre derechos y libertades de las personas extranjeras en España y su integración social **(5)**. Se adjunta copia de la solicitud que dirigí a la Oficina de Extranjería como documento n.º [NÚMERO].

TERCERA.- Esta parte cumple todos los requisitos para que dicha solicitud me sea estimada, tal y como se desprende de la siguiente documentación que se añade a lo dicho anteriormente:

- Carezco de antecedentes penales a cuyos efectos probatorios adjunto Certificado de Antecedentes Penales emitido por el Ministerio de Justicia en fecha [FECHA].

- No tengo prohibida la entrada en España ni figuro como individuo rechazable en ninguno de los Estados con los que España tiene suscrito convenio en ese sentido.

– Cumplo con todos los requisitos que la legislación española exige para la apertura de negocios del tipo [ESPECIFICAR] **(3)**.

– La inversión realizada hasta el momento es suficiente y, además contribuirá a la creación de empleo, puesto que se precisará de, al menos, [ESPECIFICAR NÚMERO] empleados. Estos datos se desprenden del proyecto de establecimiento a realizar que se aporta como documento n.º [NÚMERO].

– Cuento con recursos económicos suficientes para mi manutención y alojamiento, una vez descontados los gastos necesarios para la realización de la actividad. A efectos probatorios adjunto [ESPECIFICAR] **(4)**.

– He realizado el pago de las tasas de residencia y trabajo, en un plazo inferior a diez días desde que la solicitud ha sido admitida a trámite, para cuya prueba adjunto justificante de pago (documento n.º [NÚMERO]).

CUARTA.- En fecha [FECHA], la solicitud de autorización de residencia y trabajo por cuenta propia me fue estimada por lo que no es cierto que a fecha [FECHA] me encontrase trabajando en España por cuenta propia, contando con autorización de residencia temporal, tal y como se desprende de la resolución sancionadora por la que se me impone una multa de [ESPECIFICAR] euros.

A los anteriores hechos resultan de aplicación los siguientes,

FUNDAMENTOS DE DERECHO

PRIMERO.-COMPETENCIA

La competencia corresponde a la Subdelegación del Gobierno de [LOCALIDAD] **(1)** por ser el órgano administrativo que dictó la resolución que se viene a impugnar en reposición tal y como dispone el artículo 123.1 de la LPACAP:

> «Los actos administrativos que pongan fin a la vía administrativa podrán ser recurridos potestativamente en reposición ante el mismo órgano que los hubiera dictado o ser impugnados directamente ante el orden jurisdiccional contencioso-administrativo».

SEGUNDO.-LEGITIMACIÓN

Me encuentro legitimado para la interposición de este recurso potestativo de reposición por ser el sujeto extranjero, al que directamente afecta la imposición de la multa, por lo que resulta sujeto interesado de acuerdo al artículo 4 de la LPACAP, normativa que resulta de aplicación al presente caso en materia de extranjería en virtud de lo dispuesto en el artículo 65 de la LOEX.

TERCERO.- OBJETO DEL RECURSO

La resolución que se trata de impugnar con la presentación de este recurso de reposición pone fin a la vía administrativa por lo que la interposición de este recurso resulta acorde a lo regulado en el artículo 123 de la LPACAP.

CUARTO.- PLAZO

El artículo 124 de la LPACAP prescribe el plazo de un mes para la interposición del recurso de reposición si el acto fuera expreso o, «si el acto no fuera expreso, el solicitante y otros posibles interesados podrán interponer recurso de reposición en cualquier momento a partir del día siguiente a aquel en que, de acuerdo con su normativa específica, se produzca el acto presunto».

Por tanto, teniendo en cuenta que la resolución que se trata de impugnar fue dictada en fecha [FECHA], al día de presentación de este escrito no ha transcurrido el mencionado plazo de interposición por lo que se verifica el requisito de presentación en tiempo.

QUINTO.- FONDO DEL ASUNTO

Resulta de aplicación al presente caso el artículo 52 de la LOEX que dispone que, «Son infracciones leves: [...] c) Encontrarse trabajando en España sin haber solicitado autorización administrativa para trabajar por cuenta propia, cuando se cuente con autorización de residencia temporal».

Resulta de aplicación asimismo el artículo 200 del Real Decreto 557/2011, de 20 de abril, por el que se aprueba el Reglamento de la Ley Orgánica 4/2000, sobre derechos y libertades de las personas extranjeras en España y su integración social, (5) el cual dispone que:

> «1. Las personas extranjeras que se encuentren en España durante al menos un año en situación de residencia podrán acceder a la situación de residencia y trabajo por cuenta ajena cuando el empleador, como sujeto legitimado, presente la solicitud de autorización y se cumplan los requisitos laborales exigidos en el artículo 64, excepto el previsto en el apartado 3.a).
>
> Excepcionalmente podrá acceder a la situación de residencia y trabajo, sin necesidad de que haya transcurrido el plazo de un año, el extranjero que acredite una necesidad de trabajar por circunstancias sobrevenidas para garantizar su subsistencia.
>
> (...)
>
> 4. Las previsiones establecidas en este artículo serán igualmente de aplicación para el acceso a una autorización de residencia y trabajo por cuenta propia, de residencia con exceptuación de la autorización de trabajo, de residencia y trabajo para investigación, o de residencia y trabajo de profesionales altamente cualificados».

Por todo lo expuesto anteriormente,

SOLICITO A ESTE ÓRGANO:

Que tenga por presentado este escrito, así como los documentos que lo acompañan, que lo admita a trámite y tenga por presentado recurso de reposición contra la resolución de fecha [FECHA] dictada por [ÓRGANO] por la que se acuerda la imposición de multa por importe de [CANTIDAD], y la deje sin efecto al no concurrir las circunstancias para verificar que se ha producido dicha conducta infractora.

OTROSÍ DIGO: que solicito que se suspenda la ejecución de la sanción interpuesta en la **resolución n.º** [NÚMERO] dictada por [ÓRGANO] en fecha [FECHA] puesto que su completa ejecución podría conllevar daños de imposible o difícil reparación.

En [LOCALIDAD], a [DÍA] de [MES] de [AÑO].

FDO.

---

(1) O, a la Delegación del Gobierno, si se trata de una comunidad uniprovincial (artículo 55, apartado 2 de la LOEX) o, ante el juzgado de lo contencioso-administrativo ya que, según el artículo 123 de la LPACAP, el recurso potestativo de reposición puede interponerse ante el mismo órgano que hubiera dictado los actos o disposiciones que se impugnan o, directamente, ante el orden jurisdiccional contencioso-administrativo.

Conforme a la disposición transitoria primera de la Ley Orgánica 1/2025, de 2 de enero, de medidas en materia de eficiencia del Servicio Público de Justicia, el 31 de diciembre de 2025, culminará el proceso de transformación de los juzgados en las respectivas secciones de los tribunales de instancia que correspondan.

(2) Las solicitudes de extranjería pueden presentarse en cualquier registro público, siempre y cuando vayan dirigidas a la oficina de extranjería.

(3) Especificar, en cada caso concreto, en función del negocio en el que el extranjero solicitante vaya a emplearse por cuenta propia, los requisitos que el ordenamiento jurídico exige y aportar documentos que lo prueben. Asimismo, en caso de que se vaya a ejercer una actividad profesional habrá que aportar los documentos pertinentes a efectos de verificar que se cuenta con las cualificaciones exigidas.

(4) Cualquier documento acreditativo de contar con cantidad de recursos suficientes como puede ser un extracto de cuenta bancaria.

(5) Artículo aplicable hasta el 20/05/2025, fecha en la que quedará derogado el RLOEX y entrará en vigor el nuevo Reglamento de Extranjería (Real Decreto 1155/2024, de 19 de noviembre), siendo de aplicación para este supuesto el apartado 4 del art. 191 del RD 1155/2024, de 19 de noviembre.

Recurso de reposición contra sanción por no dar de alta en la SS al trabajador extranjero, o no registrar su contrato de trabajo

A LA SUBDELEGACIÓN DEL GOBIERNO DE [LOCALIDAD] **(1)**

Don/Doña [NOMBRE], mayor de edad, con DNI [DNI] y domicilio a efectos de notificaciones en [DOMICILIO], actuando en mi propio nombre y derecho, en mi condición de interesado en el procedimiento [ESPECIFICAR], comparezco ante esta Administración y como mejor proceda en derecho,

DIGO

I.- Con fecha [FECHA] me fue notificada resolución n.º [NÚMERO] de fecha [FECHA] dictada por la Subdelegación del Gobierno de [LOCALIDAD] **(1)** por la que se dispone la comisión de la infracción y la interposición de la sanción correspondiente por no dar de alta en el Régimen de la Seguridad Social al trabajador [NOMBRE], de nacionalidad [NACIONALIDAD], el cual solicitó autorización de residencia y trabajo en fecha [FECHA].

II.- Bajo la consideración de que dicha resolución no resulta ajustada a derecho y resulta lesiva para mis derechos e intereses legítimos, por medio del presente escrito, y dentro del plazo de un mes establecido al efecto, vengo a interponer recurso potestativo de reposición contra dicha resolución, con base en las siguientes:

ALEGACIONES

PRIMERA.- En fecha [FECHA] la Inspección de Trabajo se persona en las instalaciones de trabajo y comprueba que en la misma se encuentra [NOMBRE], sujeto extranjero de nacionalidad [ESPECIFICAR] realizando las labores de [ESPECIFICAR], y al realizar las comprobaciones oportunas el Inspector concluye que este trabajador no se encuentra dado de alta en el Régimen de la Seguridad Social. Esta infracción se pone de manifiesto en la correspondiente acta de infracción que se levanta en ese momento.

SEGUNDA.- Con fecha de [FECHA] me fue notificada la resolución n.º [NÚMERO] en la que, con base en la mencionada acta, se establece la comisión de la infracción tipificada en el artículo 53.2. a) de la LOEX.

TERCERA.- No son ciertos los hechos relatados en dicha acta de infracción porque había sido presentada por el trabajador a la empresa la debida autorización de residencia y trabajo y se encontraba dado de alta en la TGSS, a cuyos efectos probatorios se adjunta la siguiente documentación [ESPECIFICAR].

CUARTA.- No se ha interpuesto recurso en la vía contencioso-administrativa.

A las anteriores alegaciones resultan de aplicación los siguientes,

FUNDAMENTOS DE DERECHO

PRIMERO.- COMPETENCIA

La competencia corresponde a la Subdelegación del Gobierno de [LOCALIDAD] **(1)** por ser el órgano administrativo que dictó la resolución que se viene a impugnar en reposición tal y como dispone el artículo 123.1 de la LPACAP: «Los actos administrativos que pongan fin a la vía administrativa podrán ser recurridos potestativamente en reposición ante el mismo órgano que los hubiera dictado o ser impugnados directamente ante el orden jurisdiccional contencioso-administrativo».

SEGUNDO.- LEGITIMACIÓN

Me encuentro legitimado para la interposición de este recurso potestativo de reposición por ser el sujeto al que directamente afecta la infracción, por lo que resulto sujeto interesado de acuerdo al artículo 4 de la LPACAP, normativa que resulta de aplicación al presente caso en materia de extranjería en virtud de lo dispuesto en el artículo 65 de la LOEX.

TERCERO.-OBJETO DEL RECURSO

La resolución que se trata de impugnar con la presentación de este recurso de reposición pone fin a la vía administrativa por lo que la interposición de este recurso resulta acorde a lo regulado en el artículo 123 de la LPACAP, en el plazo previsto al respecto de un mes.

CUARTO.- FONDO

Resulta de aplicación el artículo 53.2. a) de la LOEX que dispone como infracción grave: «a) No dar de alta, en el Régimen de la Seguridad Social que corresponda, al trabajador extranjero cuya autorización de residencia y trabajo por cuenta ajena hubiera solicitado, o no registrar el contrato de trabajo en las condiciones que sirvieron de base a la solicitud, cuando el empresario tenga constancia de que el trabajador se halla legalmente en España habilitado para el comienzo de la relación laboral. No obstante, estará exento de esta responsabilidad el empresario que comunique a las autoridades competentes la concurrencia de razones sobrevenidas que puedan poner en riesgo objetivo la viabilidad de la empresa o que, conforme a la legislación, impidan el inicio de dicha relación».

Asimismo, en relación con las sanciones se aplica el artículo 55.1 de la LOEX que establece que «b) Las infracciones graves con multa de 501 hasta 10.000 euros. En el supuesto contemplado en el artículo 53.2. a) de esta Ley, además de la sanción indicada, el empresario también estará obligado a sufragar los costes derivados del viaje».

Por todo lo expuesto anteriormente,

SOLICITO AL ÓRGANO:

Que teniendo por presentado este escrito, junto a los documentos que lo acompañan, tenga por interpuesto recurso de reposición contra la resolución n.º [NÚMERO] de fecha [FECHA] dictada por la Subdelegación del Gobierno de [LOCALIDAD] **(1)** y anule el procedimiento sancionador iniciado por la misma, así como la sanción que se impone a tenor de dicha resolución.

Por ser Justicia que se pide en [LOCALIDAD], a [DÍA] de [MES] de [AÑO].

FDO.

(1) O, a la delegación del Gobierno, si se trata de una comunidad uniprovincial (artículo 55, apartado 2 de la LOEX) o, ante el juzgado de lo contencioso-administrativo ya que, según el artículo 123 de la LPACAP, el recurso potestativo de reposición puede interponerse ante el mismo órgano que hubiera dictado los actos o disposiciones que se impugnan o, directamente, ante el orden jurisdiccional contencioso-administrativo.

Conforme a la disposición transitoria primera de la Ley Orgánica 1/2025, de 2 de enero, de medidas en materia de eficiencia del Servicio Público de Justicia, el 31 de diciembre de 2025, culminará el proceso de transformación de los juzgados en las respectivas secciones de los tribunales de instancia que correspondan.

Recurso de reposición por prescripción de las infracciones en materia de autorización de trabajo de personas extranjeras

A LA SUBDELEGACIÓN DEL GOBIERNO DE [LOCALIDAD] **(1)**

Don/Doña [NOMBRE], mayor de edad, con NIE [NIE] y domicilio a efectos de notificaciones en [DOMICILIO], actuando en mi propio nombre y derecho, en mi condición de interesado en el procedimiento [ESPECIFICAR], comparezco ante esta Administración y como mejor proceda en derecho,

DIGO

I.- Con fecha [FECHA] me fue notificada resolución n.º [NÚMERO] de fecha [FECHA] dictada por la Subdelegación del Gobierno de [LOCALIDAD] **(1)** por la que se dispone la comisión de la infracción consistente en [ESPECIFICAR], recogida en el artículo [ESPECIFICAR] de la LOEX, en materia de contratos de trabajo de personas extranjeras.

II.- Bajo la consideración de que dicha resolución no resulta ajustada a derecho y resulta lesiva para mis derechos e intereses legítimos, por medio del presente escrito, y dentro del plazo de un mes establecido al efecto, vengo a interponer recurso potestativo de reposición contra la citada resolución, con base en las siguientes:

ALEGACIONES

PRIMERA.- Con fecha de [FECHA] me fue notificada la resolución n.º [NÚMERO] en la que se establece la comisión de la infracción en materia de contratos de trabajo de personas extranjeras tipificada en el artículo [ESPECIFICAR] de la LOEX.

SEGUNDA.- No se ha interpuesto recurso en vía contencioso-administrativa contra la misma.

TERCERA.- En virtud de lo dispuesto en el artículo 56 de la LOEX, dicha infracción, que en el caso concreto que nos ocupa recibió la consideración de [ESPECIFICAR], prescribió en fecha [FECHA], al haber transcurrido [ESPECIFICAR AÑO O MESES], que es el plazo fijado al respecto en el mencionado precepto.

A dichas alegaciones, les resultan de aplicación los siguientes,

FUNDAMENTOS DE DERECHO

PRIMERO.- COMPETENCIA

La competencia corresponde a la Subdelegación del Gobierno de [LOCALIDAD] **(1)** por ser el órgano administrativo que dictó la resolución que se viene a impugnar en reposición tal y como dispone el artículo 123.1 de la LPACAP: «Los actos administrativos que pongan fin a la vía administrativa podrán ser recurridos potestativamente en reposición ante el mismo órgano que los hubiera dictado o ser impugnados directamente ante el orden jurisdiccional contencioso-administrativo».

SEGUNDO.-LEGITIMACIÓN

Me encuentro legitimado para la interposición de este recurso potestativo de reposición por ser el sujeto extranjero, al que directamente afecta la imposición de la multa, por lo que resulto sujeto interesado de acuerdo al artículo 4 de la LPACAP, normativa que resulta de aplicación al presente caso en materia de extranjería en virtud de lo dispuesto en el artículo 65 de la LOEX.

TERCERO.-OBJETO DEL RECURSO

La resolución que se trata de impugnar con la presentación de este recurso de reposición pone fin a la vía administrativa por lo que la interposición de este recurso resulta acorde a lo regulado en el artículo 123 de la LPACAP.

CUARTO.- FONDO

Resulta de aplicación, fundamentalmente, el artículo 56 de la LOEX, el cual dispone que:

> «1. Las infracciones muy graves prescribirán a los tres años, las graves a los dos años y las leves a los seis meses.
> 2. Las sanciones impuestas por infracciones muy graves prescribirán a los cinco años, las graves a los dos años y las impuestas por infracciones leves al año.
> 3. Si la sanción impuesta fuera la de expulsión del territorio nacional la prescripción no empezará a contar hasta que haya transcurrido el período de prohibición de entrada fijado en la resolución con un máximo de diez años».

Por todo lo expuesto anteriormente,

SOLICITO AL ÓRGANO:

Que teniendo por interpuesto este escrito, junto a los documentos que lo acompañan, lo admita a trámite y tenga por interpuesto recurso de reposición contra la resolución n.º [NÚMERO] de fecha [FECHA] dictada por [ÓRGANO] y anule el procedimiento sancionador iniciado por la misma, así como la sanción que pueda derivarse del mismo, por aplicación de la prescripción correspondiente.

En [LOCALIDAD], a [DÍA] de [MES] de [AÑO].

Fdo.

---

(1) O, a la delegación del Gobierno, si se trata de una comunidad uniprovincial (artículo 55, apartado 2 de la LOEX) o, ante el Juzgado de lo Contencioso-administrativo ya que, según el artículo 123 de la LPACAP, el recurso potestativo de reposición puede interponerse ante el mismo órgano que hubiera dictado los actos o disposiciones que se impugnan o, directamente, ante el orden jurisdiccional contencioso-administrativo.

Conforme a la disposición transitoria primera de la Ley Orgánica 1/2025, de 2 de enero, de medidas en materia de eficiencia del Servicio Público de Justicia, el 31 de diciembre de 2025, culminará el proceso de transformación de los juzgados en las respectivas secciones de los tribunales de instancia que correspondan.

Recurso contencioso-administrativo contra la no renovación de la autorización de trabajo y residencia por antecedentes penales

El art. 31.7 de la LOEX señala que, para la renovación de las autorizaciones de residencia temporal, se valorará en su caso:

a) Los antecedentes penales, considerando la existencia de indultos o las situaciones de remisión condicional de la pena o la suspensión de la pena privativa de libertad.

b) El incumplimiento de las obligaciones de la persona extranjera en materia tributaria y de seguridad social.

A los efectos de dicha renovación, se valorará especialmente el esfuerzo de integración de la persona extranjera que aconseje su renovación, acreditado mediante un informe positivo de la comunidad autónoma que certifique la asistencia a las acciones formativas contempladas en el artículo 2 ter de la mencionada ley.

> **A TENER EN CUENTA**. El RLOEX quedará derogado el 20/05/2025, fecha de entrada en vigor del nuevo Reglamento de Extranjería, aprobado por el Real Decreto 1155/2024, de 19 de diciembre. El presente formulario se encuentra actualizado a ambas regulaciones.

AL [ÓRGANO] QUE POR TURNO DE REPARTO CORRESPONDA (1)

Don/Doña [NOMBRE_ABOGADO_CLIENTE] letrado, colegiado [NÚMERO], con despacho profesional en [DIRECCIÓN] y [TELÉFONO], actuando en nombre y representación de don/doña [NOMBRE_CLIENTE], con [NIF_CIF_DNI_CLIENTE], representación que consta acreditada en virtud del poder que acompaño y cuya devolución previo su testimonio en autos expresamente solicito, ante el juzgado comparezco y como mejor proceda en derecho,

DIGO

Por medio del presente escrito, y en la representación que ostento, en virtud de lo dispuesto en el artículo 78 (2) y siguientes de la Ley 29/1998, de 13 de julio, reguladora de la Jurisdicción Contencioso Administrativa, formulo **DEMANDA DE RECURSO CONTENCIOSO-ADMINISTRATIVO**, contra la resolución dictada en [FECHA] por el Excmo. Sr. Delegado del Gobierno de [PROVINCIA] por la que se desestima el recurso de reposición interpuesto contra la resolución de [FECHA] que denegaba la renovación de la autorización de residencia solicitada por don/doña [NOMBRE_CLIENTE], y se le advertía de la obligación de abandonar el territorio español, por lo que considerando que la referida resolución no se ajusta a derecho y causa un perjuicio irreparable al demandante, es por lo que se formula la presente demanda que tiene su fundamento en los siguientes:

HECHOS

PRIMERO.- Don/Doña [NOMBRE_CLIENTE] solicitó en [FECHA] la renovación de su tarjeta de residencia y trabajo conforme a lo dispuesto en el artículo 71 y concordantes del Real Decreto 557/2011, de 20 de abril, por el que se aprueba el Reglamento de la Ley Orgánica 4/2000, de 11 de enero, sobre derechos y libertades de las personas extranjeras en España y su integración social (3).

Acompañando a la referida solicitud el demandante aportó la documentación preceptiva.

Pues bien, sorprendentemente y pese a no existir ninguna circunstancia que impidiese la renovación solicitada, en [FECHA] fue notificada a don/doña [NOMBRE_CLIENTE] la resolución de [FECHA] dictada por [ESPECIFICAR] en virtud de la cual se acuerda denegar la renovación de la autorización de residencia solicitada, conminándole a abandonar el territorio nacional en un plazo de 15 días desde la notificación de la misma.

Como expondremos a continuación, la referida denegación se fundamenta exclusivamente en lo dispuesto en el artículo 31.5 de la Ley Orgánica 4/2000, de 11 de enero, modificada por la Ley Orgánica 8/2000 sobre derechos y libertades de las personas extranjeras en España y su integración social. Adjunto se acompaña al presente escrito como documento [NÚMERO] la resolución denegatoria.

SEGUNDO.- Frente a la citada resolución fue interpuesto recurso potestativo de reposición dentro del plazo legamente establecido, siendo este desestimado por resolución de [FECHA] dictada por [ESPECIFICAR] y notificada al demandante en [FECHA].

Se acompaña como **documento n.º** [NÚMERO] la resolución contra la que se interpone el presente recurso contencioso administrativo.

TERCERO.- Una somera lectura de la resolución impugnada evidencia que en la misma apenas se hace referencia alguna a las alegaciones formuladas en el recurso de reposición. Así, la Administración únicamente se limita a realizar consideraciones de carácter genérico en las que —lejos de mostrar una fundamentación que permita conocer las razones por las que se acuerda desestimar el recurso— reitera el criterio manifestado en la resolución recurrida en reposición.

Pues bien, además de apreciarse una absoluta ausencia de motivación, puesto que ninguna referencia se realiza a los motivos que fundamentaron el recurso de reposición interpuesto resulta incuestionable que la resolución no entra a valorar la situación personal del demandante como exige la normativa. Y es que en modo alguno se puede obviar que la Ley de extranjería claramente determina que deberá valorarse específicamente las circunstancias del caso en supuestos como el que nos ocupa, pues no en vano resulta posible renovar la autorización de residencia a las personas extranjeras que hubieran sido condenados por la comisión de un delito y hayan cumplido condena, los que hayan sido indultados, o que se encuentren en remisión condicional de la pena.

Como se ha señalado, la resolución que es objeto del presente recurso se ampara exclusivamente en lo dispuesto en el artículo 31.5 de la Ley de extranjería y por tanto en la existencia de unos antecedentes penales, sin embargo esta circunstancia no resulta *per se* un impedimento para que se proceda a acordar la renovación de la residencia solicitada ya que resultará necesario tomar en consideración las demás circunstancias personales del solicitante, lo que no ha sucedido en el supuesto que nos ocupa.

CUARTO.- La jurisprudencia es unánime en relación a que la existencia de antecedentes penales no resulta una razón o motivo suficiente para denegar la renovación de una autorización de residencia. Así lo han considerado diversos juzgados y tribunales, incluso en supuestos en los que no se ha cumplido la pena, y en los que esta fue suspendida, llegándose a reconocer al solicitante el derecho a obtener la autorización de residencia y trabajo.

En este sentido, cabe tomar en consideración que la denegación de la renovación solicitada por la simple existencia de antecedentes penales supone obviar no solo el derecho del demandante a vivir en familia, sino un claro olvido de la función resocializadora de las penas.

QUINTO.- Actualmente el demandante ha cumplido la pena que le fue impuesta, como se acredita con la copia de la resolución en virtud de la cual se archiva la ejecución que se acompaña como **documento n.º** [NÚMERO].

Pues bien, sin perjuicio de que esta circunstancia resulta trascendente, debió la Administración haber tomado en consideración —y no lo hizo— el arraigo personal y laboral del solicitante.

En el presente caso, resulta incuestionable que el demandante reside de forma estable en España con su familia, circunstancia esta que además de ser conocida por la Administración demandada —por cuanto que ha autorizado a residir legalmente en nuestro país a la esposa/o del interesado/a— ha quedado debidamente acreditada en el expediente administrativo con el certificado de empadronamiento aportado por el solicitante. Por otra parte, el demandante lleva trabajando en España desde hace años, cotizando a la Seguridad Social desde que comenzó su actividad laboral. Al objeto de acreditar esta circunstancia como **documento n.º** [NÚMERO] se adjunta informe de vida laboral y como **documento n.º** [NÚMERO] copia del contrato de trabajo.

SEXTO.- Atendiendo a lo anteriormente señalado, la resolución recurrida no debe ser considerada ajustada a derecho por cuanto la Administración no ha realizado la necesaria ponderación de la supuesta gravedad o el tipo de delito cometido y su incidencia en el orden público o la seguridad pública, es decir, no ha valorado el hipotético peligro que representa la persona en cuestión, ni ha tenido en consideración la duración de la residencia y la existencia de vínculos con el país de residencia.

A los anteriores hechos son de aplicación los siguientes,

FUNDAMENTOS DE DERECHO

I.- JURISDICCIÓN Y COMPETENCIA

Resulta competente el juzgado al que me dirijo, de conformidad con lo establecido en el artículo 78.1 de la Ley 29/1998, de 13 de julio, reguladora de la Jurisdicción Contenciosa-administrativa.

II.- LEGITIMACIÓN Y POSTULACIÓN

La tiene activa mi representado conforme al art. 19.1 apartado a) de la Ley 29/1998, de 13 de julio, por tener interés directo en este procedimiento, al haberle denegado la renovación de la autorización de residencia y trabajo solicitado en virtud de la resolución que se impugna.

La tiene pasiva el Estado en virtud del artículo 21 de la misma norma legal.

Por lo que respecta a la postulación, esta parte se encuentra representada por letrado.

III.- TRAMITACIÓN

El procedimiento a seguir es el procedimiento abreviado establecido en el artículo 78 de la Ley 29/1998, de 13 de julio.

IV.- CUANTÍA DEL RECURSO

Por aplicación de lo dispuesto en el artículo 42 de la Ley 29/1998, de 13 de julio, reguladora de la Jurisdicción Contencioso-Administrativa se hace constar que la cuantía de este recurso es indeterminada.

V.- PLAZO

El presente recurso se interpone dentro del plazo de dos meses de acuerdo con lo establecido en el art. 46 de la Ley 29/1998, de 13 de julio.

VI.- FONDO DEL ASUNTO

Entendemos que se ha producido una vulneración de lo dispuesto en el artículo 31.7 de la Ley Orgánica 4/2000, de 11 de enero, y en el artículo 71 del Real Decreto 557/2011, de 20 de abril, por el que se aprueba el Reglamento de la Ley Orgánica 4/2000.

El citado artículo 31.7 artículo de la Ley Orgánica 4/2000, de 11 de enero, establece:

«Para la renovación de las autorizaciones de residencia temporal, se valorará en su caso:

a) Los antecedentes penales, considerando la existencia de indultos o las situaciones de remisión condicional de la pena o la suspensión de la pena privativa de libertad.

b) El incumplimiento de las obligaciones de la persona extranjera en materia tributaria y de seguridad social.

A los efectos de dicha renovación, se valorará especialmente el esfuerzo de integración de la persona extranjera que aconseje su renovación, acreditado mediante un informe positivo de la Comunidad Autónoma que certifique la asistencia a las acciones formativas contempladas en el artículo 2 ter de esta Ley».

Por su parte, el 71.8 (3) del Real Decreto 557/2011, de 20 de abril por el que se aprueba el Reglamento de la Ley Orgánica 4/2000, determina que en los supuestos de renovación de las autorizaciones de trabajo y residencia por cuenta ajena:

«Será causa de denegación de las solicitudes de renovación, además del incumplimiento de algunos de los requisitos previstos en este artículo, la concurrencia de alguno de los supuestos de denegación previstos en el artículo 69 de este Reglamento, excepto el relativo a que la situación nacional de empleo permita la contratación».

La **STSJ de Castilla y León n.º 5/2010, de 8 de enero, ECLI:ES:TSJCL:2010:1576**, es clara al señalar, en supuesto semejante al que nos ocupa, que:

«(...) se puede concluir que no se han establecido reglas generales, sino que ha de estarse a cada caso en concreto para apreciando todas las circunstancias que concurran en cada supuesto, determinar si la existencia de antecedentes penales determina o no la denegación de la renovación y en el presente caso no existen antecedentes penales ni condena del actor, sino un informe del que se deduce que fue el autor del delito por el que fue condenado su hermano, pero además por dicho delito ya constaba en el expediente administrativo al folio 20 el archivo provisional de la ejecutoria penal, por haberse suspendido la ejecución de la pena por Auto de fecha 21 de marzo de 2006, consta igualmente aportado por el actor, tanto en vía administrativa como en el presente recurso, la existencia de un contrato indefinido de trabajo (...) pese al demérito que implica que se pueda atribuir al mismo la comisión delictiva que motivo la condena penal, tal demérito se considera contrarrestado de forma bastante por el resto de circunstancias descritas que también cabría imputar al apelante, como sería la propia suspensión de la pena y el resto de las circunstancias antes descritas y que a juicio de la Sala le hacen acreedor de la concesión de los permisos por él solicitados en el expediente administrativo incorporado a los autos».

En consecuencia no encontrándonos en el presente caso ante una solicitud inicial de la autorización de residencia y trabajo, sino ante una solicitud de renovación, de ahí que la Administración debería haber valorado las circunstancias personales del interesado a pesar de la existencia de unos antecedentes penales ya que la referida normativa permite, en el caso de existir antecedentes, valorar dicha condena en función de las circunstancias del supuesto concreto como exige el art. 31.7 de la LOEX.

Cabe destacar asimismo por su claridad la **sentencia del Tribunal Superior de Justicia de Madrid n.º 82/2022, de 31 de enero, ECLI:ES:TSJM:2022:861**, que determina:

> «Por lo tanto, la mera existencia de antecedentes penales no conlleva de forma automática la denegación, la denegación de la autorización de la residencia de larga duración, sino que se debe valorar las circunstancias concurrentes».

De conformidad con la jurisprudencia, resulta necesario valorar lo vínculos familiares del demandante y el arraigo laboral de este en nuestro país.

Por lo expuesto,

SUPLICO:

Que teniendo por presentado este escrito con los documentos que acompaño y copia de todo ello, admita a trámite la presente demanda y tenga por interpuesto recurso contencioso-administrativo contra la resolución [ESPECIFICAR] de fecha [FECHA] por la que se acordó desestimar el recurso de reposición interpuesto contra la resolución que denegaba la renovación de la autorización de residencia solicitada por el demandante y, previos los trámites legales oportunos, dicte en su día sentencia por la que estimando la presente demanda se revoque la resolución y se acuerde la concesión de la renovación de la autorización de trabajo y residencia solicitada, obligando a la Administración demandada a estar y pasar por dicha declaración, todo ello con expresa imposición de costas a la Administración demandada.

Es justicia que pido en [LOCALIDAD], a [DÍA] de [MES] de [AÑO]

Firmado:

OTROSÍ DIGO: Al amparo de lo dispuesto en el artículo 129 y siguientes de la Ley Reguladora de la Jurisdicción Contenciosa-Administrativa, interesa al derecho del demandante se acuerde la **ADOPCIÓN DE MEDIDAS CAUTELARES**, consistente en la **SUSPENSIÓN** de la eficacia del acto administrativo denegatorio de la renovación de la autorización de trabajo y residencia y que establece la salida obligatoria del territorio español, durante la sustanciación del presente recurso, y la autorización del recurrente a residir y trabajar en España en tanto en cuanto se dicte sentencia sobre el fondo de la cuestión.

De no suspenderse los efectos de la resolución impugnada serían irrogados al demandante perjuicios de difícil o imposible reparación por cuanto que además de verse privado de la posibilidad de continuar conviviendo con su familia, le sería imposible mantener el puesto de trabajo y la estabilidad económica que este reporta a su familia.

Atendiendo a lo dispuesto en el artículo 130 de la citada Ley 29/1998, de 13 de julio, únicamente podrá denegarse la aplicación de la medida cautelar cuando de ésta pudiera seguirse perturbación grave de los intereses generales o de un tercero, por ello y toda vez que la medida solicitada no supone perjuicio alguno, entendemos que —como se ha expresado— concurre el denominado *periculum in mora*, y cabe apreciar una apariencia de buen derecho.

Por lo expuesto,

SUPLICO:

Que acuerde la **ADOPCIÓN DE MEDIDA CAUTELAR,** consistente en la **SUSPENSIÓN** de la eficacia del acto administrativo denegatorio de la renovación de la autorización de trabajo y residencia y que establece la salida obligatoria del territorio español, durante la sustanciación del presente recurso, así como la autorización expresa que permita al recurrente residir y trabajar en España en tanto en cuanto se dicte sentencia sobre el fondo de la cuestión.

En [FECHA] a [DÍA] de [MES] de [AÑO]

Firmado:

SEGUNDO OTROSÍ DIGO: Para el supuesto de disconformidad con los hechos relatados en la demanda se solicita el recibimiento del pleito a prueba, dejando interesadas las pruebas de las que esta parte intenta valerse, y que aquí se proponen:

Documental: para que se tengan por aportados los documentos que acompañan la presente demanda e igualmente sea aportado de contrario el expediente administrativo obrante en su poder, dándose traslado a esta parte de su contenido con antelación a la celebración de la vista.

Por lo expuesto,

SUPLICO:

Que teniendo por realizadas las anteriores manifestaciones las admita y tenga por propuesta la prueba interesada por esta parte, y previa su declaración de pertinencia, se ordene lo conducente para su práctica.

En fecha y lugar *ut supra*.

Firmado

---

(1) Juzgados de lo contencioso-administrativo o, en su caso, los Juzgados Centrales de lo Contencioso-Administrativo (Cfr. apartado 1 del art. 78 de la Ley 29/1998, de 13 de julio). En el supuesto de fundamentarse en la vía del artículo 29.2 de la Ley 29/1998, de 13 de julio, el órgano jurisdiccional competente para conocer del acto firme no ejecutado. Se debe tener en cuenta que con la reforma operada por la LO 1/2025, de 2 de enero, con entrada en vigor el 23/01/2025, las referencias hechas a los juzgados de lo contencioso-administrativo se entenderán realizadas a los tribunales de instancia, sección de lo contencioso-administrativo, y las hechas a los juzgados centrales de lo contencioso-administrativo al tribunal central de instancia, sección de lo contencioso-administrativo. Si bien, aunque la reforma de la LOPJ entra en vigor en dicha fecha, se debe tener presente que hasta el 31/12/2025 no se constituirán los nuevos tribunales, según las D.T. 1.ª y 2.ª de la LO 1/2025, de 2 de enero.

(2) El art. 78 de la LJCA se ha visto modificado por la LO 1/2025, de 2 de enero, con entrada en vigor el 03/04/2025.

(3) A partir del 20/05/2025 el RLOEX queda derogado por la entrada en vigor del nuevo Reglamento de Extranjería. El artículo aplicable a partir de dicha fecha será el apartado 8 del art. 80 del Real Decreto 1155/2024, de 19 de noviembre, que señala lo siguiente: «Será causa de denegación de las solicitudes de renovación, además del incumplimiento de algunos de los requisitos previstos en este artículo, la concurrencia de alguno de los supuestos de denegación previstos en el artículo 78 de este reglamento, excepto el relativo a que la situación nacional de empleo permita la contratación y aquellos que no sean atribuibles a la persona trabajadora».

Recurso de alzada contra denegación de prórroga de autorización de residencia temporal por razones humanitarias

El **recurso de alzada** se aplica de acuerdo a lo dispuesto en el artículo 121 y siguientes de la Ley 39/2015, de 1 de octubre, del Procedimiento Administrativo Común de las Administraciones Públicas (LPACAP). Este recurso puede ser interpuesto en un plazo de un mes si el acto es expreso y para los actos no expresos el solicitante y otros posibles interesados podrán interponerlo en cualquier momento. Además, la autorización de residencia temporal por razones humanitarias, en el caso concreto de padecer una grave enfermedad, está establecida en el artículo 126 del Real Decreto 557/2011. Estas autorizaciones tienen una vigencia de un año con posibilidad de prórroga.

A TENER EN CUENTA. Lo previsto en el RD 557/2011, de 20 de abril, quedará derogado el 20/05/2025 por el nuevo RD 1155/2024, de 19 de noviembre, que hace referencia a la autorización de residencia temporal por razones humanitarias en su artículo 128. El presente formulario se encuentra actualizado a ambas regulaciones.

A LA SUBDELEGACIÓN DEL GOBIERNO DE [LOCALIDAD] (1)

Don/Doña [NOMBRE], mayor de edad, con NIE [NIE] de nacionalidad [ESPECIFICAR] y domicilio a efectos de notificaciones en [DOMICILIO], ante este órgano administrativo comparezco y como mejor proceda en derecho,

EXPONGO

En fecha [FECHA] me ha sido notificada resolución dictada por [ÓRGANO] en fecha [FECHA] por la que se me deniega la renovación de la solicitud de autorización de residencia temporal por razones humanitarias, en relación al supuesto de padecer una enfermedad sobrevenida de carácter grave.

Por medio del presente escrito, y dentro del plazo del mes que se otorga en el artículo 122 de la Ley 39/2015, de 1 de octubre vengo a interponer recurso de alzada contra la mencionada Resolución, por no considerarla ajustada a Derecho, con base en los siguientes:

HECHOS

PRIMERO.- En fecha [FECHA] presenté la solicitud de prórroga de la autorización temporal de residencia por razones humanitarias a causa de padecer una grave enfermedad sobrevenida de carácter grave en virtud del artículo 130 del Real Decreto 557/2011, de 20 de abril, por el que se aprueba el Reglamento de la Ley Orgánica 4/2000, sobre derechos y libertades de las personas extranjeras en España y su integración social, tras su reforma por Ley Orgánica 2/2009 (**2**). Se adjunta como **documento n.º** [NÚMERO] la copia de la solicitud a efectos probatorios de la fecha de presentación de la misma.

A dicha solicitud se acompañaron informes clínicos expedidos por mi médico de cabecera, en los cuales se pone de manifiesto la existencia de la enfermedad de carácter grave [ESPECIFICAR] que requiere de asistencia sanitaria especializada, y es debido a este carácter que no resulta accesible en [PAÍS DE ORIGEN], para lo cual se adjunta un informe de la ONU al respecto de la situación sanitaria actual en ese Estado (**documento n.º** [NÚMERO]).

Además, en dichos informes se pone de manifiesto el hecho de que ya se ha comenzado con el tratamiento para dicha enfermedad, cuya interrupción podría causar un grave daño para mi salud e incluso para mi vida.

SEGUNDO.- La autorización temporal de residencia por razones humanitarias a causa de padecer una grave enfermedad sobrevenida de carácter grave, cuya renovación se instaba a través de la mencionada solicitud, tiene un plazo de vigencia hasta el día [FECHA], por lo que se cumple el requisito de pedir la prórroga durante los sesenta días naturales previos a la fecha de expiración de la vigencia de la autorización (artículo 130.5 del Real Decreto 557/2011, de 20 de abril) **(3)**. Se aporta como **documento n.º** [NÚMERO] la autorización temporal de residencia y trabajo, a efectos justificativos del período de vigencia de la misma. Además, cumplo con el resto de requisitos adicionales que requieren para autorizar la prórroga de la autorización temporal de residencia por razones humanitarias:

- Carezco de antecedentes penales a cuyos efectos probatorios adjunto Certificado de Antecedentes Penales emitido por el Ministerio de Justicia en fecha [FECHA] (documento n.º [NÚMERO]).

- No tengo prohibida la entrada en España ni figure como individuo rechazable en ninguno de los Estados con los que España tiene suscrito convenio en ese sentido.

- No me encuentro dentro del periodo de compromiso en el que no he de retornar a España.

- Resulta acreditada, de los informes clínicos a los que ya se ha hecho referencia, la situación de enfermedad sobrevenida de carácter grave en la que me encuentro, la necesidad de tratamiento y la imposibilidad de recibirlo en mi país de origen.

- He realizado el abono de las tasas de residencia temporal por circunstancias excepcionales, dentro del plazo de diez días hábiles desde que se admitió a trámite la solicitud.

TERCERO.- En fecha [FECHA] se me notifica la Resolución de la Delegación del Gobierno dictada en fecha [FECHA] por la que se me deniega la renovación de la solicitud de autorización temporal de residencia por razones humanitarias a causa de padecer una grave enfermedad sobrevenida de carácter grave, sobre la base de que no se cumplen los requisitos para proceder a dicha prórroga dispuestos en el artículo 130 del Real Decreto 557/2011, de 20 de abril **(2)**.

CUARTO.- La resolución de denegación no se encuentra suficientemente motivada, al no entrar a valorar las circunstancias personales de mi caso concreto.

A los anteriores hechos resultan de aplicación los siguientes:

FUNDAMENTOS DE DERECHO

I.- COMPETENCIA

La competencia corresponde a la Delegación del Gobierno de [LOCALIDAD] **(1)** por ser el órgano superior jerárquico del que dictó la resolución que se viene a impugnar en reposición tal y como dispone el artículo 123 de la LPACAP: «Los actos administrativos que pongan fin a la vía administrativa podrán ser recurridos potestativamente en reposición ante el mismo órgano que los hubiera dictado o ser impugnados directamente ante el orden jurisdiccional contencioso-administrativo».

II.- LEGITIMACIÓN

Me encuentro legitimado para la interposición de este recurso potestativo de reposición por ser el sujeto extranjero, al que directamente afecta la autorización temporal de residencia por razones humanitarias, por lo que resulta sujeto interesado de acuerdo al artículo 4 de la LPACAP.

La legitimación pasiva corresponde a la Administración a la que se dirige este escrito puesto que es la que dictó el acto y, por tanto, contra la que ha de interponerse recurso de alzada.

III.- OBJETO

El objeto de este recurso es la impugnación de la Resolución dictada por la Subdelegación del Gobierno de [LOCALIDAD] en fecha [FECHA] por la que se me deniega la renovación de la solicitud de autorización de residencia temporal por razones humanitarias.

IV.- FORMA

El recurso de alzada se interpone en el debido tiempo y forma puesto que no ha transcurrido el plazo de un mes que se otorga en el artículo 122 de la LPACAP para la interposición de este recurso y, se hace ante el órgano superior jerárquico al que dictó el acto, en virtud de lo exigido en el artículo 121 del mismo texto legal.

V.- FONDO

Resulta de aplicación, principalmente el artículo 126 del Real Decreto 557/2011, de 20 de abril, en su apartado 2, (4) por el que se aprueba el Reglamento de la Ley Orgánica 4/2000, sobre derechos y libertades de las personas extranjeras en España y su integración social, tras su reforma por Ley Orgánica 2/2009 que dispone lo siguiente:

> «A las personas extranjeras que acrediten sufrir una enfermedad sobrevenida de carácter grave que requiera asistencia sanitaria especializada, no accesible en su país de origen, y que el hecho de ser interrumpida o de no recibirla suponga un grave riesgo para la salud o la vida. A los efectos de acreditar la necesidad, será preciso un informe clínico expedido por la autoridad sanitaria correspondiente».

Asimismo, en cuanto a la posible prórroga de dicha autorización resulta de aplicación el artículo 130 del mismo texto legal (2).

Al respecto de la interpretación de enfermedad sobrevenida de carácter grave se entiende que ha de ser una patología que se haya adquirido desde la llegada a España del individuo que solicita la autorización temporal de residencia por circunstancias excepcionales y, si este hecho ha sido corroborado, por una sentencia en el proceso inicial de dicha solicitud se configura como un «hecho objetivo e inmutable que una vez declarado probado por los Tribunales no admite ser cuestionado con ocasión de una nueva solicitud» por lo que no puede ser negado cuando se solicita la renovación. A pesar de ello hay ciertas circunstancias como la gravedad de la patología o las facilidades de su tratamiento que se fundan en circunstancias variables y coyunturales sí pueden variar a lo largo del tiempo. (**STSJ Madrid n.º 853/2017, de 22 de diciembre, ECLI:ES:TSJM:2017:14282**).

En este sentido hay que tener en cuenta la interpretación jurisprudencial de lo que se entiende por «autoridad sanitaria» que, «literalmente, es el titular del órgano administrativo responsable de las competencias en materia de salud pública. Establece el art. 52 de la Ley 33/2011, de 4 de octubre, General de Salud Pública, que en el ámbito estatal tiene la consideración de autoridad sanitaria «el titular del Ministerio de Sanidad [...] y, en el marco de sus respectivas funciones, los titulares de los órganos superiores y órganos directivos con responsabilidades en salud pública de dicho departamento ministerial con rango igual o superior al de Director General [...] la emisión de informes clínicos no se halla entre las funciones de las autoridades sanitarias así concebidas, y menos aun cuando se trata de informes de las características del exigido en dicho art. 126, que ha de incluir aspectos científicos concretos como el diagnóstico de la enfermedad, su pronóstico y las condiciones de tratamiento. Por el contrario, el diagnóstico, tratamiento, terapéutica y rehabilitación de los pacientes y el enjuiciamiento y pronóstico de los procesos patológicos, es una función exclusiva de los médicos, conforme al art. 6.2.a) de la Ley 44/2003, de 21 de noviembre, de ordenación de las profesiones sanitarias. En conclusión, cuando el reglamento de la LOEX se refiere a la autoridad sanitaria no puede entenderse que lo esté haciendo a los responsables de los órganos administrativos por la simple razón de que estos son incompetentes para confeccionar un informe de las características que hemos indicado; debe interpretarse que la referencia legal recae sobre los profesionales médicos de dicha organización administrativa, es decir, los médicos integrados en el sistema público de salud. Entre estos profesionales, corresponde a los médicos de atención primaria la prestación de la asistencia sanitaria a la población a ellos adscrita (arts. 3 y 5 del Real Decreto 137/1984, de 11 de enero, sobre estructuras básicas de salud) y, por consecuencia, la dispensa de los informes que recogen el diagnóstico y pronóstico de las enfermedades de los pacientes que tratan». (**STSJ Madrid n.º 853/2017, de 22 de diciembre, ECLI:ES:TSJM:2017:14282**) (4).

Además, [PAÍS DE ORIGEN], no se encuentra actualmente «en condiciones en la actualidad de facilitar ese seguimiento especializado, de acuerdo con los datos sobre la situación del país que ofrecen las organizaciones internacionales, en particular los reiterados informes de los diferentes organismos de la ONU». (**STSJ Madrid n.º 853/2017, de 22 de diciembre, ECLI:ES:TSJM:2017:14282**).

En virtud de todo lo expuesto anteriormente,

SOLICITO AL ÓRGANO:

Que teniendo por presentado este escrito, así como los documentos que lo acompañan, lo admita a trámite y tenga por interpuesto recurso de alzada contra la Resolución dictada por la Subdelegación del Gobierno en fecha [FECHA] por la que se me deniega la renovación de la autorización temporal de residencia por razones humanitarias con base en la existencia de una enfermedad sobrevenida de carácter grave.

En [FECHA] a [DÍA] de [MES] de [AÑO].

Firmado

---

(1) O, a la delegación del Gobierno, si se trata de una comunidad uniprovincial (artículo 55. 2 de la LOEX) o, ante el juzgado de lo contencioso-administrativo ya que, según el artículo 123 de la LPACAP, el recurso potestativo de reposición puede interponerse ante el mismo órgano que hubiera dictado los actos o disposiciones que se impugnan o, directamente, ante el orden jurisdiccional contencioso-administrativo.
Conforme a la disposición transitoria primera de la Ley Orgánica 1/2025, de 2 de enero, de medidas en materia de eficiencia del Servicio Público de Justicia, el 31 de diciembre de 2025, culminará el proceso de transformación de los juzgados en las respectivas secciones de los tribunales de instancia que correspondan.

(2) A raíz de la entrada en vigor del RD 1155/2024, de 19 de noviembre, en vigor el 20/05/2025, se deberá sustituir el artículo 130 del RD 557/2011, de 20 de abril, por el 132 del Reglamento de Extranjería.

(3) A raíz de la entrada en vigor del RD 1155/2024, de 19 de noviembre, en vigor el 20/05/2025, se deberá sustituir el apartado 5 del artículo 130 del RD 557/2011, de 20 de abril, por lo dispuesto en el apartado 3 del artículo 132 del Reglamento de Extranjería. Así, desde su entrada en vigor el plazo de 60 días naturales para solicitar la prórroga de la autorización por circunstancias excepcionales será de 2 meses.

(4) A raíz de la entrada en vigor del RD 1155/2024, de 19 de noviembre, el 20/05/2025, se deberá sustituir el apartado 2 del artículo 126 del RD 557/2011, de 20 de abril, por el apartado 3 del artículo 128 del Reglamento de Extranjería.

Escrito de solicitud de medidas cautelares en materia de extranjería

AL JUZGADO DE LO CONTENCIOSO-ADMINISTRATIVO (1) /A LA SALA DE LO CONTENCIOSO-ADMINISTRATIVO [LUGAR]

Don/Doña [NOMBRE PROCURADOR CLIENTE] procurador/a de los tribunales, en nombre y representación de don/doña [NOMBRE CLIENTE], según acredito mediante poder especial que acompaño y en el que constan sus datos personales, ante el juzgado comparezco con la asistencia letrada de don/doña [NOMBRE ABOGADO CLIENTE] y como mejor proceda en derecho,

DIGO

Mediante el presente escrito se solicita la adopción de la **MEDIDA CAUTELAR** de suspensión de la ejecución del acuerdo de expulsión de don/doña [NOMBRE CLIENTE] acordada por resolución [ESPECIFICAR] reconocida en el artículo 129, de la Ley 29/1998, de 13 de julio, reguladora de la Jurisdicción Contencioso-administrativa, para asegurar la presencia personal del/la recurrente en el procedimiento principal, así como posibilitar la comunicación directa con el/la letrado/a que se encarga de la defensa de sus intereses.

Todo ello en base a los siguientes,

HECHOS

PRIMERO.- En fecha [FECHA] interpusimos recurso contencioso-administrativo [NÚMERO], contra la Subdelegación del Gobierno de [ESPECIFICAR] por [ESPECIFICAR].

SEGUNDO.- Dicho recurso se encuentra actualmente a la espera de la celebración de la vista.

TERCERO.- Ante la posibilidad de que se notifique la fecha exacta de la vista es necesario garantizar la presencia personal de don/doña [NOMBRE CLIENTE] en el procedimiento principal, así como posibilitar la comunicación directa con el/la letrado/a para garantizar la defensa de sus intereses. Por lo que, la expulsión dificulta enormemente el desempeño de la defensa que se le ha asignado.

A mayor abundamiento, a lo anterior habría que añadir la dificultad económica que conlleva el desplazamiento. La realidad económica y social de don/doña [NOMBRE CLIENTE] es [ESPECIFICAR] lo que haría muy costoso, en el hipotético caso de que obtuviera una sentencia estimatoria, el retorno de don/doña [NOMBRE CLIENTE],

Asimismo, don/doña [NOMBRE CLIENTE] tiene arraigo con España, trabaja y tiene familia desde hace 5 años en este país, lo que supondría un grave perjuicio emocional para mi cliente.

CUARTO.- Por lo anteriormente expuesto, y en base al artículo 129 de la LJCA, solicitamos la siguiente medida cautelar:

Suspensión de la ejecución del acuerdo de expulsión de don/doña [NOMBRE CLIENTE] acordada por resolución [ESPECIFICAR]

QUINTO.- A esta solicitud se acompañan los siguientes documentos:

[DOCUMENTO] como **documento n.º** [NÚMERO].

[DOCUMENTO] como **documento n.º** [NÚMERO].

[DOCUMENTO] como **documento n.º** [NÚMERO].

A los siguientes hechos le son de aplicación los siguientes,

FUNDAMENTOS DE DERECHO

I.- Los artículos 129 y siguientes de la Ley 29/1998, de 13 de julio, reguladora de la Jurisdicción Contencioso-administrativa establecen el derecho de los interesados a la tutela cautelar con la finalidad de asegurar la efectividad de la sentencia.

> «1. Los interesados podrán solicitar en cualquier estado del proceso la adopción de cuantas medidas aseguren la efectividad de la sentencia.
> 2. Si se impugnare una disposición general, y se solicitare la suspensión de la vigencia de los preceptos impugnados, la petición deberá efectuarse en el escrito de interposición o en el de demanda».

II.- El proceso se sustanciará en pieza separada y con audiencia de la parte contraria, por un plazo que no excederá de diez días y se resolverá mediante auto dentro de los cinco días siguientes tal y como se establece en el artículo 131 de la LJCA.

> «El incidente cautelar se sustanciará en pieza separada, con audiencia de la parte contraria, que ordenará el secretario judicial por plazo que no excederá de diez días, y será resuelto por auto dentro de los cinco días siguientes. Si la Administración demandada no hubiere aún comparecido, la audiencia se entenderá con el órgano autor de la actividad impugnada».

III.- Por otro lado, el artículo 135 de la LJCA hace referencia a las situaciones de especial urgencia, en las cuales, el juez o tribunal, dispone de un plazo de dos días para apreciar si concurren las circunstancias de especial urgencia, y adoptar o denegar la medida, o no apreciarlas y ordenar tramitar las medidas conforme al artículo 131 de la LJCA:

> «1. Cuando los interesados alegaran la concurrencia de circunstancias de especial urgencia en el caso, el juez o tribunal sin oír a la parte contraria, en el plazo de dos días podrá mediante auto:
> a) Apreciar las circunstancias de especial urgencia y adoptar o denegar la medida, conforme al artículo 130. Contra este auto no se dará recurso alguno. En la misma resolución el órgano judicial dará audiencia a la parte contraria para que en el plazo de tres días alegue lo que estime procedente o bien convocará a las partes a una comparecencia que habrá de celebrarse dentro de los tres días siguientes a la adopción de la medida. Recibidas las alegaciones o transcurrido el plazo en su caso o bien celebrada la comparecencia, el juez o tribunal dictará auto sobre el levantamiento, mantenimiento o modificación de la medida adoptada, el cual será recurrible conforme a las reglas generales.
> En cuanto se refiere a la grabación de la comparecencia y a su documentación, serán aplicables las disposiciones contenidas en el artículo 63.
> b) No apreciar las circunstancias de especial urgencia y ordenar la tramitación del incidente cautelar conforme al artículo 131, durante la cual los interesados no podrán solicitar nuevamente medida alguna al amparo del presente artículo.
> 2. En los supuestos que tengan relación con actuaciones de la Administración en materia de extranjería, asilo político y condición de refugiado que impliquen

retorno y el afectado sea un menor de edad, el órgano jurisdiccional oirá al Ministerio Fiscal con carácter previo a dictar el auto al que hace referencia el apartado primero de este artículo».

Así, la **sentencia del Tribunal de Justicia de Castilla y León n.º 66/2020, de 16 de abril, ECLI:ES:TSJCL:2020:1143**, reza el tenor literal siguiente:

«[...] se debe considerar el arraigo, que es fundamental a la hora de determinar la procedencia de adoptar una medida cautelar puesto que denota un indudable perjuicio la ejecución del acto administrativo de expulsión; perjuicio que no es un perjuicio económico, sino más bien emocional y sentimental, lo que implica una extrema gravedad para ser indemnizado y que se debe considerar como un perjuicio importante (...)».

Por todo lo expuesto,

SUPLICO AL JUZGADO:

Que tenga por presentado en tiempo y forma este escrito con los documentos que acompaño y copia de todo ello, los admita y previos los trámites oportunos, acuerde adoptar las medidas cautelares solicitadas en el mismo para asegurar la efectividad de la sentencia.

En [LUGAR Y FECHA].

Letrado/a don/Doña [NOMBRE] Procurador/a don/doña [NOMBRE]

[NÚMERO COLEGIADO ABOGADO CLIENTE]

[NÚMERO COLEGIADO PROCURADOR CLIENTE]

OTROSÍ DIGO: al concurrir una circunstancia de especial urgencia, solicitamos que se tramite la solicitud de medidas cautelares según lo dispuesto en el artículo 135 de la LJCA.

SUPLICO AL JUZGADO:

Que tenga por efectuada la anterior manifestación a los efectos oportunos.

Por ser justicia, en fecha y lugar *ut supra*.

Letrado don/Doña [NOMBRE] Procurador don/doña [NOMBRE]

[NÚMERO COLEGIADO ABOGADO CLIENTE]

[NÚMERO COLEGIADO PROCURADOR CLIENTE]

---

(1) Conforme a la disposición transitoria primera de la Ley Orgánica 1/2025, de 2 de enero, de medidas en materia de eficiencia del Servicio Público de Justicia, el 31 de diciembre de 2025, los juzgados de lo contencioso-administrativo se transformarán en las correspondientes secciones de lo contencioso-administrativo de los tribunales de instancia. Asimismo, la DT 2.ª prevé la transformación en la misma fecha de los juzgados centrales actuales en las secciones de la materia que corresponda del Tribunal Central de Instancia.

Recurso de reposición contra resolución sancionadora en procedimiento simplificado

El objeto del recurso de reposición se regula en el artículo 123 de la Ley 39/2015, de 1 de octubre, del Procedimiento Administrativo Común de las Administraciones Públicas (LPACAP) que dispone:

«1. Los actos administrativos que pongan fin a la vía administrativa podrán ser recurridos potestativamente en reposición ante el mismo órgano que los hubiera dictado o ser impugnados directamente ante el orden jurisdiccional contencioso-administrativo.

2. No se podrá interponer recurso contencioso-administrativo hasta que sea resuelto expresamente o se haya producido la desestimación presunta del recurso de reposición interpuesto».

El plazo para la interposición del mencionado recurso de reposición se regula en el artículo 124 de la LPACAP.

En cuanto al procedimiento simplificado en materia de extranjería señala el artículo 238 del RLOEX que se utilizará cuando los hechos denunciados se califiquen de infracción leve. Así, el artículo 52 de la LOEX, al que se refiere el anterior precepto, considera infracciones leves:

«a) La omisión o el retraso en la comunicación a las autoridades españolas de los cambios de nacionalidad, de estado civil o de domicilio, así como de otras circunstancias determinantes de su situación laboral cuando les sean exigibles por la normativa aplicable.

b) El retraso, hasta tres meses, en la solicitud de renovación de las autorizaciones una vez hayan caducado.

c) Encontrarse trabajando en España sin haber solicitado autorización administrativa para trabajar por cuenta propia, cuando se cuente con autorización de residencia temporal.

d) Encontrarse trabajando en una ocupación, sector de actividad, o ámbito geográfico no contemplado por la autorización de residencia y trabajo de la que se es titular.

e) La contratación de trabajadores cuya autorización no les habilita para trabajar en esa ocupación o ámbito geográfico, incurriéndose en una infracción por cada uno de los trabajadores personas extranjeras ocupados».

A TENER EN CUENTA. El RLOEX quedará derogado el 20/05/2025, fecha en la que entrará en vigor el nuevo Reglamento de Extranjería. El precepto aplicable, a partir de dicha fecha, regulador del procedimiento simplificado será el art. 237 del Real Decreto 1155/2024, de 19 de noviembre, que señala que se tramitarán por el procedimiento simplificado los hechos denunciados se califiquen de infracción leve, salvo cuando se trate de infracciones tipificadas en los apartados c), d) y e) del art. 52 de la LOEX, en cuyo caso, conforme a lo dispuesto en el artículo 55.2 de la Ley Orgánica 4/2000, de 11 de enero, se aplicará el procedimiento previsto en los artículos 253 y 254.

El presente formulario se encuentra actualizado a ambas regulaciones.

AL [ÓRGANO] (1)

Don/Doña [NOMBRE], mayor de edad, con DNI [DNI] y domicilio a efectos de notificaciones en [DOMICILIO], actuando en mi propio nombre y derecho, en mi condición de interesado en el procedimiento [ESPECIFICAR], comparezco ante esta Administración y como mejor procesa en derecho,

DIGO

Con fecha [FECHA] me fue notificada resolución de fecha [FECHA] dictada por [ÓRGANO] por la que se acuerda la sanción consistente en [ESPECIFICAR] sobre la base de [ESPECIFICAR], conducta considerada por el artículo 52 de la Ley Orgánica 4/2000, de 11 de enero, sobre derechos y libertades de las personas extranjeras en España y su integración social (LOEX), como infracción leve.

Por medio del presente escrito, y dentro del plazo de un mes establecido al efecto, vengo a interponer recurso potestativo de reposición contra la resolución n.º [NÚMERO] dictada por [ÓRGANO] en fecha [FECHA] por la cual se impone la sanción de [ESPECIFICAR], con base en las siguientes:

ALEGACIONES

PRIMERA.- No concurre ninguno de los motivos que se relacionan en el artículo 52 de la LOEX como constitutivos de infracciones leves.

SEGUNDA.- Este proceso se tramitará por los cauces del procedimiento simplificado regulado en los artículos 238 (2) y siguientes del Real Decreto 557/2011, de 20 de abril, por el que se aprueba el Reglamento de la Ley Orgánica 4/2000, sobre derechos y libertades de las personas extranjeras en España y su integración social, puesto que la sanción que se viene a impugnar interpone una sanción por una infracción leve del artículo 52 de la LOEX.

TERCERA.- Considero que dicha sanción no es ajustada a derecho, puesto que no concurren los hechos tal y como se relacionan en la resolución sancionados, a cuyos efectos justificativos adjunto los siguientes documentos: [ESPECIFICAR].

En virtud de todo lo expuesto anteriormente,

SOLICITO A ESTE ÓRGANO:

Que tenga por interpuesto este escrito, lo admita a trámite, así como todos los documentos que lo acompañan y tenga por interpuesto recurso potestativo de reposición contra la resolución n.º [NÚMERO] dictada por [ÓRGANO] en fecha [FECHA] y, tras los trámites legales oportunos, la deje sin efecto.

OTROSI DIGO: solicito que se suspenda la ejecución de la sanción interpuesta en la resolución n.º [NÚMERO] dictada por [ÓRGANO] en fecha [FECHA] puesto que su completa ejecución podría conllevar daños de imposible o difícil reparación.

En [LOCALIDAD], a [DÍA] de [MES] de [AÑO].

FDO.

---

(1) El recurso de reposición, según el artículo 123 de la LPACAP, puede interponerse ante el mismo órgano que los hubiera dictado o ser impugnados directamente ante el orden jurisdiccional contencioso-administrativa.

(2) A partir del 20/05/2025 por la entrada en vigor del nuevo Reglamento de Extranjería (que deroga el RLOEX) serán de aplicación los arts. 237 y ss. del Real Decreto 1155/2024, de 19 de noviembre, reguladores del procedimiento simplificado.

Escrito comunicando a Fiscalía la posible minoría de edad de menor extranjero

A LA FISCALÍA DE MENORES DE [PARTIDO JUDICIAL]

Don/Doña [NOMBRE_ABOGADO_CLIENTE], letrado/a perteneciente al Ilustre Colegio de Abogados de [LUGAR], ante la Fiscalía de [LUGAR] comparezco y como mejor proceda en derecho,

DIGO

PRIMERO.- Recientemente, en el desarrollo de mi actividad profesional como abogado/a, he prestado asesoramiento jurídico a don/doña [NOMBRE], de nacionalidad [NACIONALIDAD].

SEGUNDO.- En el transcurso de las diversas conversaciones mantenidas con don/doña [NOMBRE] **(1)**, me ha manifestado que tiene [ESPECIFICAR] **(2)**, por lo que considerando que este carece de documentación que permita presumir o considerar acreditada su edad y toda vez que pudiera ser considerado un menor en situación de desamparo, entiende este letrado/a que procede comunicar los hechos a la Fiscalía de Menores, al objeto de que —conforme a lo dispuesto en el artículo 35 de la Ley Orgánica 4/2000, de 11 de enero, sobre los derechos y libertades de las personas extranjeras en España y su integración social, y en virtud de lo establecido en la Ley Orgánica 1/1996, de 15 de enero, de Protección Jurídica del Menor—, se proceda a acordar la realización de las pruebas médicas que permitan determinar la edad de [NOMBRE], y en su caso se ponga a dicho menor a disposición inmediata de los servicios competentes de protección de menores.

Por todo lo anteriormente expuesto,

SUPLICO:

Que teniendo por presentado este escrito se sirva admitirlo, y en virtud de los hechos que en el mismo se refieren, se proceda conforme lo interesado, acordándose proceder a realizar las pruebas de determinación de la edad y, en el caso de resultar ser menor de edad, se impida que [NOMBRE] sea expulsado del territorio nacional, devuelto o retornado a su país de origen, acordando las necesarias medidas para poner a dicho menor a disposición inmediata de los servicios competentes de protección de menores.

Es justicia que pido en [LOCALIDAD] a [DÍA] de [MES] de [AÑO].

[FIRMA DEL/DE LA LETRADO/A]

---

(1) Nombre del menor.
(2) Indicar edad.

Recurso de reposición contra sanción de expulsión del territorio español

> **A TENER EN CUENTA**. A partir del 20/05/2025, queda sin efecto el RLOEX, derogado por el nuevo Reglamento de Extranjería, RD 1155/2024, de 19 de noviembre, y el contenido de la citada DA 14.ª del RLOEX se contempla en la nueva norma, de forma idéntica, en la DA 9.ª. El presente formulario se encuentra actualizado a ambas regulaciones.

N.º EXPEDIENTE [EXPEDIENTE].

Asunto: EXPEDIENTE DE [ESPECIFICAR].

AL [ÓRGANO] **(1)**

Don/Doña [NOMBRE_ABOGADO_CLIENTE], abogado/a, con domicilio a efectos de notificaciones en [DOMICILIO], actuando en nombre de **don/doña** [NOMBRE_CLIENTE], mayor de edad, de nacionalidad [NACIONALIDAD], cuya representación acredito mediante poder que se acompaña a este escrito, ante la Subdelegación de Gobierno de [PROVINCIA] comparezco, y como mejor proceda en derecho,

DIGO

En fecha [FECHA] ha sido notificada resolución denegatoria dictada en [FECHA] por el procedimiento de referencia en virtud de la cual se acuerda imponer a don/doña [NOMBRE CLIENTE] la sanción de expulsión del territorio nacional y la prohibición de entrada en él por período de 2 años, a causa de haber cometido una infracción grave prevista en el artículo 53.1 letra a) de la Ley Orgánica 4/2000, de 11 de enero, por la que se regulan los derechos y libertades de las personas extranjeras en España y su integración social.

Entendiendo que la citada resolución es contraria a derecho mediante el presente escrito, y dentro del plazo legal establecido al efecto, venimos a interponer **RECURSO POTESTATIVO DE REPOSICIÓN** contra la indicada resolución, de conformidad con los arts. 123 y 124 de la Ley 39/2015, de 1 de octubre, del Procedimiento Administrativo Común de las Administraciones Públicas, en base a las siguientes,

ALEGACIONES

PRIMERA.- La sanción que ha sido impuesta además de resultar absolutamente desproporcionada, dimana de un procedimiento administrativo sancionador tramitado con carácter preferente sin que existan razones que legamente amparen la tramitación procedimental acordada **(2)**.

A mayor abundamiento, en la resolución por la que se acuerda el inicio del referido expediente no constan los motivos por los que la Administración acordó desarrollar la tramitación por el procedimiento preferente.

SEGUNDA.- El acuerdo de inicio del procedimiento sancionador en virtud del cual ha sido impuesta la sanción recurrida, debía contener la motivación correspondiente a la elección del procedimiento concreto que se seguiría porque, siéndolo el preferente, la Administración debió de justificar —y no lo hizo— que concurría en ese concreto caso alguna de las tres circunstancias a las que se refiere el artículo 234 del Real Decreto 557/2011, de 20 de abril (3), y de cuya presencia se hace depender la licita aplicación del procedimiento preferente en lugar del procedimiento ordinario en sanciones en materia de extranjería.

Pues bien, la falta de la más mínima mención acerca de cuál de las circunstancias del art. 63.1 de la LO 4/2000, de 11 de enero, es la que ha llevado a la Administración a aplicar el procedimiento preferente, ya causa indefensión al interesado, pues le priva de la posibilidad de discrepar respecto a la posible concurrencia de aquella circunstancia habilitante que ignora.

Al respecto resulta interesante a esta parte la **sentencia del TSJ de Baleares n.º 17/2017, de 24 de enero, ECLI:ES:TSJBAL:2017:43**, que, en relación con el vicio en que incurre el acuerdo de iniciación del procedimiento preferente cuando no indica la causa que lleva a su aplicación, señala:

> «En la sentencia de la Sala nº 758/2015 se consideró que la sanción de expulsión impuesta incurría en vicio de anulabilidad por no figurar en el acuerdo de iniciación del procedimiento por la modalidad preferente la indicación de la causa legal que así lo imponía, de modo que se anuló esa sanción.
>
> En la sentencia de la Sala nº 197/2016 se ha considerado que la sanción de expulsión impuesta en este caso incurría en vicio de nulidad radical - artículo 62.1.d) de la Ley 30/1992 - pero no exactamente por no figurar en el acuerdo de iniciación del procedimiento por la modalidad preferente la indicación de la causa legal que así lo imponía sino por considerarse que no concurría la causa legal que en el expediente figuraba indicada después, en concreto en el informe posterior a las alegaciones presentadas por el afectado respecto a dicho acuerdo de iniciación del procedimiento.
>
> Y en la sentencia de la Sala nº 515/2016 se ha pasado a considerar que cuando en el acuerdo de iniciación del procedimiento por la modalidad preferente falta la indicación de la causa legal que así lo impone, la sanción impuesta no incurre en vicio de nulidad de primer grado sino en vicio de nulidad de segundo grado o anulabilidad y ello únicamente en el caso de que el afectado justifique que ha experimentado una experiencia de indefensión material (...)».

En el mismo sentido cabe citar la **STS n.º 1118/2018, de 2 de julio, ECLI:ES:TS:2018:2506**, en ella es clara la concurrencia de una de las causas que determinan la aplicación del procedimiento preferente, surgiendo las dudas al determinar las consecuencias de la motivación insuficiente de la misma.

> «(...) la cuestión de interés casacional (...) viene a consistir exclusivamente en determinar si la elección del procedimiento preferente previsto en el art. 63 de la LOEX -sin justificar debidamente su pertinencia al inicio del procedimiento- es una mera irregularidad formal no invalidante si no ha causado indefensión material, lo que exige acreditar -no solo argumentar- que su tramitación ha privado concretamente al expedientado de posibilidades de defensa o le ha perjudicado por haberse adoptado la medida cautelar de internamiento, o se ha ejecutado inmediatamente la expulsión, impidiéndole abandonar voluntariamente nuestro país, privándole de la posibilidad de solicitar la revocación de la prohibición de entrada, o, por el contrario, siempre supone un defecto esencial que comporta la anulación de la resolución sancionadora, identificándose como la norma jurídica que, en principio, debe ser objeto de interpretación el artículo 63 de la Ley Orgánica 4/2000, de 11 de enero, sobre derechos y libertades de las personas extranjeras en España y su integración social.
>
> (...)

(...) partiendo de la concurrencia de uno de los supuestos de hecho legalmente previstos determinante de la iniciación del procedimiento por esta vía (en el caso de autos, riesgo de incomparecencia), y sin hacer supuesto ahora de esta cuestión.

Así las cosas, y siendo procedente entonces en todo caso el procedimiento preferente, hemos de coincidir con el criterio sustentado por la Sala de apelación.

Se trata, en efecto, el indicado defecto de motivación de una irregularidad no invalidante que no produce indefensión. Porque el recurrente ha podido defenderse y participar en todos los trámites dispuestos a su disposición en el marco de lo establecido para el procedimiento preferente, que era el de aplicación al caso, habida cuenta del riesgo de incomparecencia existente.

Por otra parte, no es que faltara en realidad la requerida motivación, de acuerdo con los términos de la sentencia impugnada ahora en casación, sino que el quicio de la cuestión lo sitúa la Sala de apelación, más limitadamente, en que era insuficiente la que se esgrimía».

A la vista de lo anterior, y entendiendo que mi representado/a ha sido colocado/a en absoluta indefensión en tanto no solo no se ha indicado la causa que motiva el procedimiento en su modalidad preferente sino que la resolución dictada carece de toda motivación al respecto, se considera procedente la nulidad radical de la resolución por no constar aquella causa, o bien, de forma subsidiaria y para el caso de que no se apreciase dicha nulidad radical, cabe apreciar la existencia de **un vicio de anulabilidad que debe de llevar a la Administración a anular la sanción recurrida por cuanto que la tramitación del procedimiento sancionador como preferente ha generado una obvia indefensión toda vez que ha implicado una merma en los plazos de los que pudo haber dispuesto el recurrente para articular su defensa.**

TERCERA.- Además de resultar incuestionable que la Administración a la que nos dirigimos ha procedido a tramitar el procedimiento sancionador preferente sin justificar ni aludir a las razones que amparan el encaje procedimental utilizado, resulta también del todo punto injustificada la sanción impuesta.

Así la sanción impuesta vulnera el principio de proporcionalidad que debe de presidir toda resolución administrativa sancionadora y es que, como consta en el expediente, los únicos hechos que se imputan a mi representado/a es no disponer de una autorización de residencia en España. En modo alguno cabe obviar que la propia Administración es conocedora de que permanece en el territorio nacional desde hace años, periodo durante el cual ha tratado de regularizar su situación en diversas ocasiones, sin que hasta la fecha lo haya podido conseguir.

En todo caso, debió la Administración valorar sus circunstancias personales y familiares, y sin embargo basándose en el art. 57 de la Ley 4/2000, de 11 de enero se aplica la sanción de expulsión en lugar de la sanción de multa, utilizando con ello la sanción más grave de todas las posibles lo cual es contrario al criterio de proporcionalidad. En este sentido, interesa citar la **STS n.º 1140/2023, de 18 de septiembre,** ECLI:ES:TS:2023:3700:

«(...) la situación de estancia irregular determina, en su caso, la imposición de la sanción de multa o la sanción de expulsión, siendo preferente la primera cuando no concurran circunstancias que, con arreglo al principio de proporcionalidad, justifiquen la expulsión.

(...)

(...) la expulsión, comprensiva de la decisión de retorno y su ejecución, exige, en cada caso y de manera individualizada, la valoración y apreciación de circunstancias agravantes que pongan de manifiesto y justifiquen la proporcionalidad de la medida adoptada, tras la tramitación de un procedimiento con plenas garantías de los derechos de los afectados, conforme exige la jurisprudencia comunitaria».

Por todo ello,

SOLICITO:

Que teniendo por presentado este escrito, se sirva admitirlo y se tenga por interpuesto en tiempo y forma **RECURSO POTESTATIVO DE REPOSICIÓN** contra la resolución de [FECHA], y en mérito de cuanto ha quedado expuesto en el presente escrito, se dicte en su día resolución por la que estimando el recurso se anule la resolución sancionadora impuesta.

En [LOCALIDAD], a [FECHA].

Firma

---

(1) El escrito ha de dirigirse a la misma autoridad u órgano que dictó la resolución u acto objeto de la impugnación. Puede presentarse en cualquiera de los registros del órgano al que se dirija, incluido el registro electrónico; en los registros de cualquier órgano administrativo de la Administración General del Estado, de cualquier Administración de las comunidades autónomas o de una entidad integrante de la Administración local, si en este último caso, hubiere suscrito un convenio con la Administración del Estado; en las oficinas de Correos y en las representaciones diplomáticas u oficinas consulares de España en el extranjero.

(2) Los supuestos en que por la infracción prevista en el ar. 53.1.a) de la LOEX puede seguirse el procedimiento sancionador en su modalidad preferente son, conforme al art. 63.1 de la LOEX, que exista riesgo de incomparecencia; el extranjero evite o dificulte su expulsión, ello sin perjuicio de las actuaciones en el ejercicio de sus derechos, o que aquel represente un riesgo para el orden público, la seguridad pública o la seguridad nacional.

(3) A partir de la entrada en vigor del Real Decreto 1155/2024, de 19 de noviembre (20/05/2025), la regulación del procedimiento preferente se encontrará en los artículos 233 a 236 del mismo.